中华当代学术著作辑要

# 世纪之交的
# 工业结构升级

江小涓 著

商务印书馆
The Commercial Press

图书在版编目(CIP)数据

世纪之交的工业结构升级/江小涓著.—北京:商务印书馆,2024
（中华当代学术著作辑要）
ISBN 978-7-100-23203-6

Ⅰ.①世… Ⅱ.①江… Ⅲ.①工业结构调整—研究—中国 Ⅳ.①F421

中国国家版本馆 CIP 数据核字（2023）第 213376 号

权利保留,侵权必究。

中华当代学术著作辑要
## 世纪之交的工业结构升级
江小涓 著

商 务 印 书 馆 出 版
（北京王府井大街36号 邮政编码100710）
商 务 印 书 馆 发 行
北京市十月印刷有限公司印刷
ISBN 978-7-100-23203-6

2024年1月第1版　　开本 710×1000　1/16
2024年1月北京第1次印刷　印张 14
定价:78.00元

# 中华当代学术著作辑要
# 出 版 说 明

学术升降，代有沉浮。中华学术，继近现代大量吸纳西学、涤荡本土体系以来，至上世纪八十年代，因重开国门，迎来了学术发展的又一个高峰期。在中西文化的相互激荡之下，中华大地集中迸发出学术创新、思想创新、文化创新的强大力量，产生了一大批卓有影响的学术成果。这些出自新一代学人的著作，充分体现了当代学术精神，不仅与中国近现代学术成就先后辉映，也成为激荡未来社会发展的文化力量。

为展现改革开放以来中国学术所取得的标志性成就，我馆组织出版"中华当代学术著作辑要"，旨在系统整理当代学人的学术成果，展现当代中国学术的演进与突破，更立足于向世界展示中华学人立足本土、独立思考的思想结晶与学术智慧，使其不仅并立于世界学术之林，更成为滋养中国乃至人类文明的宝贵资源。

"中华当代学术著作辑要"主要收录改革开放以来中国大陆学者、兼及港澳台地区和海外华人学者的原创名著，涵盖语言、文学、历史、哲学、政治、经济、法律、社会学和文艺理论等众多学科。丛书选目遵循优中选精的原则，所收须为立意高远、见解独到，在相关学科领域具有重要影响的专著或论文集；须经历时间的积淀，具有定评，且侧重于首次出版十年以上的著作；须在当时具有广泛的学术影响，并至今仍富于生命力。

自1897年始创起，本馆以"昌明教育、开启民智"为己任，近年又确立了"服务教育，引领学术，担当文化，激动潮流"的出版宗旨，继上世纪八十年代以来系统出版"汉译世界学术名著丛书"后,近期又有"中华现代学术名著丛书"等大型学术经典丛书陆续推出,"中华当代学术著作辑要"为又一重要接续,冀彼此间相互辉映,促成域外经典、中华现代与当代经典的聚首,全景式展示世界学术发展的整体脉络。尤其寄望于这套丛书的出版,不仅仅服务于当下学术,更成为引领未来学术的基础,并让经典激发思想,激荡社会,推动文明滚滚向前。

商务印书馆编辑部<br>2016 年 1 月

# 目 录

前言 ································································ 1

## 第一篇　中国工业结构升级的历史与条件分析

第一章　中国工业化的历史轨迹 ·································· 9
第二章　工业发展条件分析 ······································ 30

## 第二篇　世纪之交的发展大趋势

第三章　工业增长与结构转变趋势 ································ 51
第四章　产业组织演变趋势 ······································ 73
第五章　工业化中的区域问题 ···································· 105

## 第三篇　开放环境下的机遇与挑战

第六章　工业化进程与对外开放 ·································· 121
第七章　加入世界贸易组织：机遇与挑战 ·························· 148

## 第四篇　产业调整的政策分析

第八章　产业政策：工业化中的政府行为 ·························· 173
第九章　传统产业的调整及政府援助政策 ·························· 196

参考文献 ·························································· 214

# 前　言

经过新中国成立以后40多年的发展,中国工业在90年代中期似乎面临前所未有的挑战。

第一,带动工业发展的新"热点"没有显现出来:投资需求因控制通货膨胀的压力受到限制;具有较大带动力的新消费层面没有形成;出口动力因国内通货膨胀、出口退税和国际环境的影响有所减弱。这种状况是改革开放以来所未曾有过的。人们有理由担心,工业继续稳定、高速增长的带动力在哪里?

第二,部分工业企业的困境继续加重:不仅是国有企业的亏损面和亏损额不断扩大和增加,相当一部分非国有企业也处于亏损状况下;技术改造和新产品开发因市场前景不明朗和贷款高利息受到抑制;流动资金短缺和企业间拖欠严重制约着企业的运作;国有企业的改革举步艰难。这种状况已经成为影响工业部门效率和掣肘工业发展的重要因素。

第三,失业问题成为影响宏观经济政策和改革方案选择的重要因素:工业增长吸纳就业的能力趋于弱化;国有企业中和城市集体企业中"下岗"的职工不断增加;维持员工基本生活所需的压力,迫使许多国有企业在产品大量积压和亏损状况下继续运转;对失业问题的担心,是国有企业改革推进困难的主要原因之一。

第四,工业受外部冲击的力度加强:关税水平的数次大幅度下调和非关税措施的明显减少,使中国国内市场更加开放;外商直接投资持续增长，对工业投资、产出、就业和进出口的影响显著增强；国内商品与进口商品、内资企业与外商投资企业的竞争日趋激烈，在外商投资企业发展迅速的同时，内资企业深感压力很重，前景堪忧。

第五，行业性、区域性结构困境突出：一些在新中国成立初期甚至更早时期建立起来的工业行业和工业基地，特别是传统产业和采掘业基地，因需求变化和资源枯竭等问题，陷入行业性、区域性困境之中，靠自身摆脱困境困难重重。

中国工业在90年代中期面临的上述问题，并非一些偶然因素所致，也不主要是政策运作失误引起的。它们是中国工业已经进入一个新的发展阶段的迹象，是市场化改革取得进展的标志，是进入国际工业体系时的摩擦和交融过程。在今后10多年内，大部分困难不会消除，有些方面甚至会强化。对这些困难要有充分的认识和准备，这是制定中长期工业发展政策的出发点。

在讲足困难之后，我们仍有理由对中国工业未来10多年的发展做出乐观的预期。严峻的挑战是寻求变化的推动力，今后结构调整和体制转换过程将会加速，在新的发展模式和体制环境下，中国工业将进入新的持续、高速增长时期。

本书探讨中国工业未来15年的发展大趋势。在20世纪末和21世纪初，中国将要经历发展理论所描述的工业化过程中经济和社会结构变动最为剧烈的时期，要经历体制转轨中最为艰难的阶段。如能成功地跨越这个阶段，中国就将实现跻身于工业强国之列的百年梦想。在这个过程中，中国工业发展将要经历哪些主要阶段，完成哪些转变，达到什么样的目标？工业的行业结构、企业组织结构和区域布局将会有哪些变化，出现何种格局？工业的开放式发展将会达到什么水平，工业的国际竞争力将体现在哪些行业和产品？工业发展政策的重点将指向哪些领域，对结构调整中不可避免产生的困难如何处置？这些都是关心中国工业发展前景的人所考虑、探索的问题，也是本书各个章节分别讨论的主题。

本书第一章简要描述和分析中国一个半世纪以来努力推进工业化的过程。从19世纪中叶启动现代工业发展后，由于内外部不利因素的干扰，1949年中华人民共和国成立之时，中国仍然是一个农业为主的国家。此后工业化才真正成为中国经济发展的主题，工业化过程的推进大大加快。到70年代末期，中国已经由一个以农业产值为主的国家转变成为以工业产值为主的国家，工业已经成为内部行业齐全的主要经济部门，一些主要工业产品的产量已居世界前列。但是，这一阶段的工业化进程始终存在着严重的结构失衡和低效率问题，致使中国工业化的实绩充满了矛盾：总量上是工业大国，人均指标上是工业弱国；速度在世界名列前茅，效率居世界平均水平之下；结构失衡问题处处可见。

改革以来工业化的成就不仅表现在经济总量的持续、高速增长方面，更为重要的是表现在结构优化、对提高人民生活水平的贡献和使更多的人民参与工业化过程等方面。到90年代中期，中国工业正在全面经历着一次蓄势已久的变化，面临许多困难，也出现了若干意义深远的新特征，预示着工业发展将进入一个新时期。

第二章对今后工业发展的条件进行分析。今后较长时期内，中国具备工业持续发展所需的一般条件，而且在某些方面较之前17年更为有利。受国情特征、发展阶段和体制特点的影响，中国还具有几方面独特的有利条件。无论从国际经验还是从本国的实际出发，中国都具备继续以较高速度增长的条件。

第三章分析未来15年工业增长速度和结构转变趋势。要把握今后工业增长速度和结构转变方向，首先需要判断目前中国工业化所处的阶段。这一章指出，到2010年之前，中国工业将处在完成传统工业化与进行工业现代化两个阶段重叠进行的时期，这是由中国经济的特殊结构所决定的。这种在不同工业化阶段和层面上全面展开的工业发展过程，将为今后我国工业发展提供多种增长机会和多方向的结构变动。

20世纪之内,工业在GDP中所占的份额大体上稳定在目前的水平上或略有上升,可到略高于50%的水平。在2000年以后开始略有下降。在这个阶段中,轻重工业都将保持较快的增长速度,其中重工业的增长会略快于轻工业,但两者之间速度差距不会太大,到20世纪末工业增加值中重工业所占的比重会略有上升。由于处在不同发展阶段重叠进行的时期,中国仍要靠多元化的结构变动和多种产业并行发展以保持持续较高速度的增长,同时,也会出现一组对经济增长的贡献相对突出的行业,可以称为"主导产业"。但与发达工业化国家同阶段相比,"主导产业"的作用要弱一些。

第四章对今后10多年产业组织的重组与演变进行趋势性展望。在计划经济体制中,大企业总是占主导地位,因为中央政府易于控制也有能力集中财力物力建设少数大项目。改革以来,中国产业组织变化的主要方向是中小企业的急剧增加和生产集中度的下降。这是由于改革开放以来,不利于大规模生产和大企业发展的因素较为明显。这个过程市场竞争程度加剧,因此推动着结构的改善和效率的提高。

目前中国的市场结构和竞争态势在许多方面发生了显著变化。在今后中国工业化过程中,受多种因素的推动,大型企业和企业集团在我国工业增长和结构变动中的作用将显著增强。与此同时,中小企业仍将持久地与大企业共存,从多方面发挥着与大企业不同,但互为补充、相互促进的作用。

第五章分析今后工业化过程与区域经济协调发展问题。中国是一个幅员辽阔、区域间自然条件和发展水平差异较大的国家,工业化中的区域布局问题比较突出。在以往计划经济时期,区域间差异呈现出缩小的趋势,然而自80年代初期以来,又呈现出扩大的趋势。今后中国工业发展的区域结构问题已经引起愈来愈多的关注。

制定区域发展政策的核心问题是如何处理效率与公平的关系。政府的政策无疑将兼顾效率与公平，但其他因素也将对工业布局产生重要影响。在多种因素共同引导下，20世纪之内，东部沿海地区的工业增长仍将快于中西部，进入21世纪之后，中西部的工业化过程将会加速，并逐渐取代东部成为推动全国工业发展的主要力量。

第六章分析对外开放条件下中国的工业化进程。自80年代初以来，中国的对外经济贸易以比工业高得多的速度发展，1995年，中国的对外贸易总额已达2809亿美元，占国内生产总值的比重已高达40%。这一比例不仅明显高于绝大多数发展中大国，而且显著高于美国、日本、德国等较大的工业化国家。中国利用外资也已达到可观规模，1979—1995年，实际利用外资2291亿美元，截至1995年底，已投产运营的外商投资企业已达15万家以上。这种状况是国际竞争力增强还是对外依赖性增强？在中国今后经济增长和结构变动的过程中，对外经济贸易和利用外资的规模、比重和结构应该怎样发展，发挥什么作用？这些是目前争议最多、观点不一、不确定性较强的问题。作者提出的观点是，今后对外贸易和利用外资的质量比规模更加重要，未来10多年，对外贸易和利用外资的增长速度将会适度放慢，但由于质量提高，外贸和外资对工业增长、结构转变、技术进步和体制改革将产生多方面的重要影响。

第七章对中国加入世界贸易组织的前景、带来的机遇、产生的冲击和应有的政策调整进行展望和分析。加入世界贸易组织之后，我国工业不可避免地将在更开放性的市场竞争中发展，但是这并不等于说在国内产业发展和提高国际竞争力的过程中，政府将不再负有责任或不必采取适当的措施。其他国家的实践表明，政府仍然有种种可行的方式，在保护国内产业和增强企业国际竞争力方面起到不可或缺的重要作用。对大多数非重点保护行业的企业来说，除了尽快在降低成本、提高质量、提高技术水平等一般性因素上提高竞争力外，企业行为的调整和必要防御战略的采用,对确保原有市场份额和开拓新市场也将起到重要作用。只有对策恰当,加入世贸组织才会成为推动而不是阻碍工业持续增长和结构调整的因素。

第八章分析产业政策问题。在市场经济中,产业结构的调整主要依靠市场机制发挥作用。经过近 20 年改革之后,中国的经济体制已经发生深刻变化,继续过多地依靠政府的产业政策来调整产业结构,已经很难做到,而且会引起较多的负面作用。同时,由市场竞争作为结构调整基本途径的条件已经具备,今后我国大多数产业结构问题,应该由企业在市场机制的引导下自主进行。

由市场机制调整产业结构的思路适合大多数现存的结构问题,但是并不排除少数问题上继续保留甚至加强政府的产业政策。如基础设施建设、高技术高风险行业的发展、反垄断和自然垄断行业的管制等,都是典型的"市场失效"问题,是市场经济国家政府干预的重点领域,我国也需要在相应领域继续推行必要的产业政策。

第九章分析工业化过程中传统产业的调整和政府对这种调整的援助政策问题。前面 8 章中的主要内容,是如何促进有利于工业化进程的因素更好地发挥作用,本章的内容是分析如何弱化一些主要阻碍因素的不利影响。未来一二十年中,中国工业处在结构变动最为剧烈的时期,在持续、稳定增长的同时,会有一部分行业、企业和地区处在调整带来的剧烈冲击之下。国际经验和我国自己的实践表明,在结构变化剧烈的时期,如果不能采取措施,减弱变化对经济某些部分的剧烈冲击,变化的过程就会受阻,社会的稳定性就会受到影响。变化率的降低和社会不稳定因素的增加都会显著地增加经济成本,因此,减少阻碍变化和导致不稳定的因素,就具有显著的经济收益,这是对产业调整行为进行援助的正当理由。今后一二十年,产业结构调整援助政策的作用将会加强,成为产业政策的重要部分。

# 第一篇 中国工业结构升级的历史与条件分析

# 第一章　中国工业化的历史轨迹

中国在经历了一个半世纪的工业化过程之后，到20世纪末期，正处在由新的矛盾、新的机遇和新的发展思路交织而成的转折点上。

中国工业化起步较晚，到1949年中华人民共和国成立之时，中国仍然是一个以农业为主的国家。此后，工业化才真正成为中国经济发展的主题，工业化过程才得以大大加快。到70年代末，中国已经由一个以农业产值为主的国家转变成为以工业产值为主的国家，工业已经成为内部行业齐全的主要经济部门，一些主要工业产品的产量已居世界前列。

但是，这一阶段的工业化进程始终存在着严重的结构失衡和低效率问题，致使中国工业化的实绩充满了矛盾：总量上是工业大国，人均指标上是工业弱国；速度在世界名列前茅，效率居世界平均水平之下。结构失衡问题处处可见。

改革以来工业化的成就不仅表现在经济总量的持续、高速增长方面，更为重要的是表现在结构优化、对提高人民生活水平的贡献和使更多的人民参与工业化过程等方面。到90年代中期，中国工业正在全面经历着一次蓄势已久的变化，出现了若干意义深远的新特征，预示着工业发展将进入一个新时期。

## 一、传统体制下工业化的成就与问题

18世纪60年代，英国的工业革命拉开了全球工业化的序幕。从此，工业化过程广泛、深入地影响着人类生活的各个领域，迅速改变着整个世界的面貌。工业化与发达、富强紧密联系在一起，成为各国追求的目标。

中国的工业化过程起步较晚，1843年建于香港的"榄文"船舶修造厂，是中国第一家具有近代特点的工业企业。从此，中国开始了发展现代工业的进程。由于外部内部诸多不利因素的干扰，中国现代工业发展缓慢，工业在国民经济中的比重很低。经过1个多世纪的发展，到1952年工业生产大致恢复到新中国成立前的最高水平时，工业总产值只有349亿元，占社会总产值的比重为34.4%，占工农业总产值的比重为30%；在国民收入总额中，工业净产值只有115亿元，仅占19.5%；工业企业职工和个体劳动者约为1200万人，占全部社会劳动者的比例仅为3%；工业布局很不合理，重工业主要集中在辽宁地区，轻纺工业主要集中在上海、天津、青岛、广州等沿海城市，广阔内地基本上未进入工业化过程之中。在新中国成立之前，一些主要工业产品的最高年产量分别为：纱44.4万吨（1933年），布27.9亿米（1936年），原煤0.62亿吨（1942年），原油32万吨（1943年），发电量60亿度（1941年），钢92.3万吨（1943年），金属切削机床0.54万台（1941年）。[①] 可以说，到20世纪中期，一些工业化强国开始进入"后工业化时期"时，中国仍徘徊在工业化的初期阶段。

中华人民共和国成立以后，工业化才真正成为中国经济发展的主

---

① 数据引自国家统计局工业交通物资统计司：《中国工业的发展统计资料（1949—1984）》，中国统计出版社1985年版，第3页、第4页、第6页、第25页和第95页。

题，工业化过程的推进大大加快。

新中国的工业化取得了举世瞩目的成就，"一五"时期的工业建设至今仍是发展中国家工业化的"典范"阶段之一。到 70 年代末期，中国已经由一个以农业产值为主的国家转变成为以工业产值为主的国家，工业已经成为内部行业齐全的主要经济部门，一些主要工业产品的产量已居世界前列。1978 年，国有工业固定资产原值已达 3193.4 亿元，工业净产值达 1408 亿元，在国民收入总额中占 46.8%，工业部门的劳动者人数已达 5009 万人，占全社会劳动者的比例为 12.6%。主要工业产品产量为：纱 238.2 万吨，布 110.3 亿米，原煤 6.18 亿吨，原油 1.04 亿吨，发电量 2566 亿度，钢 3178 万吨，金属切削机床 18.32 万台。原煤产量和钢产量已居世界第 5 位，原油和发电量居第 6 位。[①]

随着工业化的推进，中国已经改变了在经济上和政治上贫弱依附的形象，确立了在国际经济政治生活中独立自主的地位。中国工业化虽然存在着种种不如人意之处，但中国毕竟以较西方国家更短的时间有效地推进了工业化进程，在这一过程中，并没有发生西方工业化初期出现的苦难历史，也避免了许多发展中国家存在的严重两极对立、贫富悬殊和有增长无发展等问题。

但是，中国工业化进程始终存在着严重的结构失衡和低效率问题，中国工业化的实绩可以描绘成两幅截然不同的图像：在总量指标方面是工业大国，在人均指标方面是工业弱国；在速度方面在世界名列前茅，在效率方面居世界平均水平之下；在某些尖端技术方面是少数先进国家之一，在一般技术方面与当代世界水平差距甚大。结构失衡和低

---

① 数据引自国家统计局工业交通物资统计司：《中国工业的发展统计资料（1949—1984）》；国家统计局：《中国统计年鉴（1984）》，中国统计出版社 1984 年版；国家统计局工业交通统计司：《中国工业经济统计年鉴（1991）》，中国统计出版社 1991 年版。有些比例是根据上述资料中提供的数据计算得出的。

效率问题处处可见：农、轻、重比例失调，生产与消费脱节，建设与生产比例失调，不同生产部门之间比例失调，企业间分工协作关系不合理，工业的地区布局不合理，产品技术水平低，产品质量差，等等。[①]

中国人民为结构失衡和低效率状况下的工业化付出了巨大代价。应当承认，在新中国成立后相当长的时期内，中国人民的心理素质非常有利于大规模工业建设，尤其是收益期长的重工业建设。他们愿意为长期发展付出暂时的代价，愿意忍受不高的生活水平而耐心等待，形成了前30年平均高达近30%的积累率，支持了工业的高速增长。1977年与1952年相比，工业总产值增长了13.6倍，其中重工业的产值增长了23.9倍，然而居民消费水平仅仅增长了68.6%，平均每年增长2.1%。在这么长的时期内，一些主要基本消费品的人均消费数量甚至是下降的，如粮食人均消费量从1952年的197.67千克下降为1977年的192.07千克，食用植物油由2.1千克降为1.56千克，牛羊肉由0.92千克降为0.71千克，还有一些基本消费品如食糖、各种布、猪肉、鲜蛋等，人均消费水平增加的幅度也很小。1978年，全国人均居住面积农村仅有8.1平方米，城市则少至3.6平方米。[②]

以往中国工业化中的问题不仅仅是生产与消费的比例失调，生产和建设中同样存在着许多失衡和低效率问题。例如，工业高速增长中有相当一部分是无效的。人们节衣缩食，省下的钱却被用于建设一些长期收不回投资的项目，用于制造机器设备然后使它们长期闲置，用于在山沟里修建工厂然后将其废弃，或者垒起了成千上万的"土高炉"然后再将它们拆毁。这并不是"个别失误"，而是占有相当比例的现象。

---

[①] 有关中华人民共和国成立后前30年的结构失衡问题，可参见马洪、孙尚清：《中国经济结构问题研究》，人民出版社1981年版。

[②] 根据国家统计局：《中国统计年鉴(1990)》，中国统计出版社1990年版，第57页、第291页和第293页的表计算。

70年代末期，中国长期封闭的国门突然打开，人们才发现在战后30年中，世界经济发展迅速，人民的生活水平不仅与西方发达国家差距明显，而且远不如一些发展中国家，尤其是邻近的亚洲新兴工业化国家和地区。这些发展中国家和地区不但经济发展迅速，在二三十年的时间内完成了工业化过程，而且人民生活水平也有大幅度提高。在发达国家和新兴工业化国家和地区中，发展的成就不仅仅是工业产值的高速增长，不仅仅是拥有齐全的工业部门，而且是新技术新产品层出不穷，传统的重化工业的相对地位不断下降，产品在国际市场上具有竞争力；丰富多彩的消费品进入人们的日常生活。的确，在这些国家和地区，各种高档家用电器、小轿车早已进入寻常百姓家，电子计算机得到广泛应用，中产阶级乘喷气式客机到国外度假……

中国与这些国家工业发展模式的差异十分突出，中国工业发展成就的标志，是一座又一座的钢铁厂、机器制造厂、电站、煤矿、油田、化工厂……但是，工业化过程应该是丰富多彩的，不仅应该不断地进行建设，还应该使人民吃得更好，穿得更漂亮，生活得更舒适，为此工厂不仅仅应该生产出机器设备、铁轨、机车，还应该生产出各种式样、色彩缤纷的时装，千姿百态的化妆品，各种规格型号的电视机、电冰箱以至小轿车、喷气客机，至少应该有足够的肥皂、布匹、火柴、手表、自行车等日用工业品。但是中国这类产品数量太少、内容单调，没有装饰出与前一类成就相吻合的生活场景。一方面是卫星上天，大油田、大煤矿、大型钢铁联合企业相继建成，另一方面是一些基本消费品长期短缺，而且产品陈旧，品种单调，质量欠佳，外观一般化，在其他工业化国家中早已普及的新型高档消费品在我国普通居民家中很少见到。

结构失衡产生的危害并不是没有被人们认识到。实际上，无论是中国还是其他计划经济国家，工业化的进程都多次被重重结构矛盾所打断，纠正原有失衡和防止新的失衡的愿望也多次在政府决策中体现出来。毛泽东在 50 年代末期就指出了保持各部门协调关系的重要性，体现在著名的《论十大关系》中。但是，没有哪个国家摆脱过产业结构失衡的问题。

为什么计划经济总是在结构失调和低效率的状况下发展呢？追求高速度、追求重工业优先发展只是部分原因，因为它们解释不了重工业内部的比例失衡问题，解释不了轻工业内部品种花色单调、质量低劣的问题，解释不了在进行调整的低速度时期仍然存在的失衡和低效率问题。根本的原因在于将整个社会生产视作一个大企业的计划经济模式本身，这个模式忽视了社会化大生产中三个至关重要的因素：需求的多样性、不确定性及企业家的创新精神，从而将计划作为市场的替代物使用。

## 二、计划经济的无解难题

计划经济之所以总是存在着产业结构失衡和低效率问题，是由于当工业化迈过其最初的阶段之后，高度集权体制中的计划者计算不了千变万化的社会需求，处理不了时刻存在的不确定性问题，无法激励企业家的创新精神。

中国"一五"建设时期的工业化成就卓著，是因为这一时期处在大规模工业化的起步阶段，集中决策需要考虑的变量较少。1955 年 7 月公布的第一个五年计划中，工业方面的基本任务是：开展以苏联援建的 156 项工程为中心和由投资限额以上的 694 个工程组成的工业建设。从项目数量上看，这 800 多个项目分布在当时的 8 个工业部内，各个部少则几十项、多则不过上百项工程项目；从地域分布上看，这些项目尤其是 156 项核心项目集中在包头、太原、兰州、西安、武汉、洛阳、成都等城市；从技术能力上看，大规模重工业项目建设所需要技术力量和实践经验,由于苏联专家的帮助而得到较好解决;从需求与供给条件看,这些项目遍及各主要工业行业,因此它们相互创造出来供给条件和需求条件,市场问题变得简单化,特别是建设以重工业项目为主时,产品作为生产资料更无市场之虞;正是由于这一时期的工业建设有如上特征,当时的各个工业部对它们辖内的建设项目和国家计委对于那些跨行业需要它来协调的项目,基本上具有全面规划、集中指挥的能力。同时,50年代中国人民的心理素质和工作热情,使缺乏对企业和个人利益刺激机制的集中管理体制没有碰到劳动效率低下的问题。中国工业化初期的这些特征,允许中央高度集权的经济体制得以有效运转。

一旦工业发展超出最初"打基础"的大规模建设阶段后,中央计划者的能力就会面对严峻的挑战。当轻工产品的生产超出对最基本消费品的配给数额之后,消费者对产品的要求就千差万别,而且不断变化,中央指令性计划就立即碰到如何使产需衔接的问题。同样,当工业发展的重点不再是数百项或更多一些大型建设项目,而是千千万万种产品的生产和数万户老企业的技术改造时,工业领域所需要考虑的变量之多和问题之复杂,远远超出了中央政府统一规划、集中指挥这种体制模式的可能边界之外。只要想一想市场经济中同类商品在品种、款式、外形及更多细枝末节方面存在的难以穷尽的差别和变化,就能理解由中央集权的经济体制为什么不能成为市场的替代。

与此同时,现代经济的生产结构也极为复杂,新技术、新产品、新材料、新工艺不断涌现,为满足一种需求所可能采取的生产方案和工艺流程有许多种。总之,在我们这个"信息爆炸"、瞬息万变的时代,要把遍及全社会分散发生的巨量信息收集起来,及时传输到中央计划机关去,再制定出有预见性的计划,并把它层层分解下达,直到基层执行单位,是根本不可能的。更无法想象的是,这种体制能对不断变化的问题做出灵敏的反应。

计划经济有效运转还需要全社会利益的一致性,这样,中央制定的计划才能无条件地被执行。首先,由于利益的一致性,各个经济主体在提供有关信息时才会力求信息的客观性,不会因为受集团和个人利益的驱使而导致信息的失真。但是,这种假定是不能成立的,计划经济多年的实践表明,不同集团和个人之间存在利益冲突是一种正常状态,因此由这种冲突导致的信息失真是一种常态。例如,各地为了争项目争投资,总是向中央政府提供本地区种种有利于从事新项目建设的条件,隐瞒不利因素,这是许多项目布点不恰当的重要原因。其次,当社会利益一致时,无论哪个部门先发展,都应该是全体人民共同受益,而实际上,各个实行计划经济的社会主义国家,都采取了牺牲农民利益促进工业发展的工业化政策,其效果是在一定时期内促进了工业化过程,但其代价却是允许城市人口优先享用工业化产生的利益,而将占人口大多数的农村人口排斥在工业化过程之外。第三,当社会利益一致时,假如需要生产的总量能够被计算出来,则具体的生产过程放在哪里都是一样的,但当利益不一致时,允许谁来进行生产,就为谁创造了就业和增加收入的机会。第四,没有市场作为参照,中央计划者计算不出消费者各种需求的相对重要性和各种替代关系的合理性。例如计划经济中,政府规定企业的员工加班时应得到加班费,但由于加班费较低,职工认为休假比加班更符合他们的要求。如果处在市场经济中,当经理认为工人加班对企业非常需要时,他就可以出较高的加班费,如果经理开价为以往"官方价格"的三倍时,工人很可能就认为加班比休假更合意。在这种情况下,说明工人加班创造的价值要高于企业为此付出的加班费,而工人从较高的加班费中得到的益处足以弥补其放弃休假而受到的损失。这些问题只有当事者才能进行判断。这类利益差别的判断和不同选择的替代关系,是中央计划者无能为力的。

同样重要的难题是,计划经济中缺乏企业家的创新精神。现代社会化大生产需要将各种不同资源按照最有效率的方式进行组合,企业家就是将资源进行组合的主角。一个社会能否最大限度地激发出企业家的创新精神,决定着其经济发展的状况。企业家的创新精神来自企业经营业绩带来的物质与精神收益,来自市场竞争产生的压力,如果整个社会被视为一个大企业,所有的生产活动和收益都被事先确定,则企业家的作用就无从谈起。在计划经济体制中,创新的刺激十分微弱,创新过程困难重重。在计划体制中,只发挥极少数计划者的智慧与积极性,抹杀了众多企业家的创新活动。换一个角度看,不考虑企业家的创新精神,一个社会的发展潜力是无法"计算"出来的。同样的条件与环境,有没有企业家的创业精神,能够创造的财富大不一样:没有企业家的创新精神,一旦原有的需求处于饱和状态,就没有了发展机会,有了企业家的创新精神,就能千方百计地开发新产品,创造新的需求;没有企业家的创新精神,有限的资源总是不能最有效地被利用,产品更新和技术进步缓慢,有了企业家的创新精神,资源就被尽可能地以最有效率的方式加以利用。因此,在考虑到"企业家创新精神"这个作用巨大但很难量化的变量之后,高度集权经济的弊端就看得更加清楚。

总之,到70年代末期,中国以往的工业化道路显示出了种种弊端,人民群众对"长远利益"的等待失去了耐心,理论界对计划经济的缺陷有了理性认识。理论与实践都足以表明,在高度集权体制中推进工业化难以为继。当这些主观与客观因素共同出现时,中国寻求新的工业化道路就成为必然。

## 三、改革中的工业化进程

1978年,中国开始进行经济体制改革,中国工业化过程在新的体制环境中推进。

工业化过程并没有因此放慢速度。在80年代，工业总产值增长了2.3倍，平均每年增长12.6%。进入90年代以后，工业仍然保持着高速增长的势头，1991—1994年，按不变价格计算，工业总产值增加了1.06倍，平均每年递增19.9%。1994年，工业固定资产原值已达33441亿元。一些重要工业产品的产量与1978年相比成倍增长，已有四种工业产品的产量名列世界第一，它们是：原煤产量12亿吨，水泥产量4.2亿吨，电视机产量3283.2万台，布211.25亿米。世界排名第二的产品有：钢产量9261万吨，发电量9281亿度。原油产量1.46亿吨，排名世界第五。[①] 中国改革以来的工业化成就举世瞩目。然而，由于改革以来人民币对外不断贬值，在过去17年中，以美元计算的中国人均收入水平的提高并不显著，人均国民生产总值仅从80年代初期的300美元增加到了1995年的570美元。当然，按现实汇率折算成美元计算的中国国民生产总值，是低估了中国经济增长的实绩，国内外已有许多研究采用不同方法重新估算中国的经济实力。

1992年，英国著名刊物《经济学家》(The Economist)以"巨人醒了"("When the Dragon Wakes—A Survey of China")作为标题，全面介绍了中国经济发展取得的巨大成就。之后，世界银行、国际货币基金组织重新对中国的国民生产总值进行了计算。世界银行按"购买力平价模式"计算出中国1991年的国民生产总值达2.87万亿美元，人均国民生产总值高达2460美元。国际货币基金组织按购买力平价计算的中国国民生产总值为16600亿美元，人均国民生产总值为1380美元。按世界银行和国际货币基金组织的计算，中国经济在世界的排名要大大提前，中国的国民生产总值仅次于美国、日本排名世界第三。

---

① 国家统计局：《中国统计年鉴(1991)》，中国统计出版社1991年版；《中国统计年鉴(1995)》，中国统计出版社1995年版；"1991—1995年我国经济建设和社会发展成就"，《经济日报》1995年9月27日。

对一国国民生产总值的估计是一个困难的问题，采用不同的计算方法，会得到差异颇大的不同结果。对发展中国家来说，用现实汇率折算，经济实力会被低估，而按购买力平价计算，经济实力又会被高估。无论如何估计，中国的经济总规模的迅速增长和经济实力的大大增强，是有目共睹、举世公认的。

改革以来工业化的成就不仅表现在经济总量的持续、高速增长方面，更为重要的是表现在结构优化、对提高人民生活水平的贡献和使更多的人参与工业化过程等方面。新中国成立后前30年，中国工业的增长速度并不低，1953—1977年，工业总产值的年均增长速度为11.3%，而在整个80年代，工业总产值年均增长率为12.6%，只略高于前30年的水平。[①] 然而，在80年代的10年中，工业产品的丰富程度、新产品新技术的应用速度、消费类工业品市场的充裕程度、工业发展为提高人民群众生活水平所做的贡献等都是前30年所无法比拟的。居民消费水平在1953—1977年平均每年增长2.1%，在"六五"和"七五"期间，年平均增长分别为9.4%和4.0%，90年代前5年，年均增长8.6%。[②] 在基本工业消费品人均消费量大幅度增加的同时，以往与绝大多数普通消费者无缘的高档耐用消费品也大量进入城镇和农村居民家中。在城镇，收录机、电视机、电冰箱、洗衣机等已基本普及，普及程度之高已达到甚至超过中等收入国家的水平。

工业化进程与人民生活水平改善程度相关性的明显增强，是工业发展指导方针和产业结构变化的直接结果。1953年到1977年，轻工业的年均增长速度为9.2%，重工业的速度为12%，重工业的发展明显快于轻工业。进入改革开放时期后，轻工业的发展受到重视，在70年代

---

[①] 国家统计局：《中国统计年鉴（1991）》；《中国统计年鉴（1995）》；"1991—1995年我国经济建设和社会发展成就"，《经济日报》1995年9月27日。

[②] 国家统计局：《中国统计摘要（1996）》，中国统计出版社1996年版，第52页。

末期和整个 80 年代初期,轻工业的增长速度明显快于重工业,1979—1981 年,轻工业的增长速度分别为 11%、18.9% 和 14.3%,明显高于同期重工业 8.0%、1.9% 和 -4.5% 的增长速度,轻重工业比例发生显著变化,从 1978 年的 43.1∶56.9 转变为 51.5∶48.5。到 80 年代初期,消费类工业品市场供应充裕,花色品种大大增加,结束了长期以来轻工业发展相对滞后的问题。自 80 年代初期以来,轻重工业总体上基本保持着同步增长的态势,1995 年,轻重工业的比例为 48.1∶51.5。①

轻重工业的比例关系近 10 多年虽然没有显著变化,但内部结构一直在向更高的水平发展。低附加值、低技术水平行业的比重呈现下降趋势,例如纺织行业在工业总产值中的比重由 1981 年的 16.7% 下降为 1994 年的 12.4%;附加值和技术水平相对较高行业的比重呈现上升趋势,例如交通运输设备制造业在工业总产值中的比重,由 1978 年的 3.1% 上升至 1994 年的 6.2%。② 各个行业内部的产品结构也发生了同方向的变化。例如,消费类电子行业的主导产品早已由收音机等转向彩色电视机、组合音响等。行业结构和产品结构的变化提升了人民群众的生活水平和消费档次,70 年代末期,购买 9 英寸黑白电视机需要凭票,而到了 90 年代中期,21 英寸至 25 英寸平面直角彩电已成电视机市场的主导品种,而对于大中城市新购买者来说,消费主流已指向 25 英寸以上的大屏幕彩电了。

让广大农民参与工业化过程和共享工业文明,是 70 年代末期以来工业化进程的又一个显著特征。最近 17 年中,农村乡镇工业一直以高于整个工业的速度增长,已占有工业产值和就业的"半壁江山"。1994

---

① 国家统计局:《中国统计摘要(1996)》,第 75 页。
② 根据国务院全国工业普查领导小组《中国工业经济统计资料(1986)》(中国统计出版社 1987 年版)第 181、189、190 页中的数据和国家统计局《中国统计年鉴(1995)》中第 388 页的数据计算。

年，乡镇工业企业生产的工业增加值占全部工业增加值的35.8%，就业占整个工业就业人数的51.9%，[①] 如果加上农村联户工业和个体工业的产值，上述比重还会更高。而在此之前的30年中，中国的工业化过程是在城乡隔离的条件下进行的。工业建设主要集中在城市的大项目上，占人口主要部分的农村人口基本上置身于这个过程之外，很少分享日新月异的工业建设成果。这样的工业化过程是不能令人满意的。如果占人口80%的农民被基本上排斥在现代工业部门之外，无论工业产值在国民收入中所占的比重有多高，工业化过程都是有严重缺陷的。在最近10多年中，如果没有农村工业的高速增长，中国的工业化仍将是畸形、充满危机和严重扭曲的。这种严重扭曲的构造包含了对大多数人权利的蔑视和福利的损害，因此会构成某些突发危机的根源。伴随着乡镇企业的大发展，中国正在进行着一次从城市走向农村、从少数人参与和享用其成果转向大多数人参与和分享其成果的伟大的工业化过程，是以往工业化所产生的利益格局的调整和重组。通过这个过程，以往中国工业化道路形成的巨大城乡差距才得以缩小，并且奠定了进一步缩小乃至消除差距的坚实基础。

80年代以来的中国经济的高速增长和结构转换，是在体制改革过程中进行的，这是这一阶段工业化与新中国成立后前30年工业化最重要的区别之一。在改革以前，国有企业是中国工业的主体，到70年代末期，国有企业的产值占整个工业产值的80%左右。政府通过层层计划，对企业的生产经营活动进行直接控制，政府的计划决定着各种资源在各个行业和企业之间的分配，决定着企业产品和利润的分配。在这种决策和运转模式中，"企业"只是一个相对的形式上的概念，没有独立的决策权和独立的利益。相应地，价格、货币、利润等因素都不对企

---

[①] 根据国家统计局《中国统计年鉴（1995）》和中国乡镇企业年鉴编辑委员会《中国乡镇企业年鉴（1995）》（中国农业出版社1995年版）中的数据计算。

业形成有意义的经济信号或有效的约束。在这种机制下,资源在全社会范围和企业内部都不能达到有效配置,企业和企业职工的积极性受到限制,生产与市场需求脱节。在进行工业化建设 30 年之后,到 70 年代末期,中国工业体制中的种种弊端都显露已久,在旧体制中继续推进新的工业化过程实为困难重重。

  70 年代末期以来中国工业体制的改革沿着两条主线推进。一条是对国有企业进行放权改革,一条是促进非国有工业的发展。在此阶段,非国有部分以远高于国有企业的速度增长,在中国工业产出中所占的比重持续上升。1995 年,在工业总产值构成中,非国有企业所占的比重已达 69.1%,国有企业的比重降至 30.9%。[①] 非国有企业的经济行为主要受市场机制的引导,是推动我国工业部门市场化的主要因素。

  过去 40 多年中,中国工业化进程在两种增长模式与体制模式下推进,两种模式谁更有利于工业化的进展?对此,我们必须以历史的观点加以分析。我们应该说,50 年代的增长模式和体制模式在当时是恰当的,70 年代进行的体制改革和增长方式的转换也是恰当的。当然,上述两种模式的转换如果能更早一些进行的话,中国工业化的进程将会更快。

## 四、迈向新阶段

  "八五"期间是我国工业新一轮高速增长时期。然而,这一次的高速增长与以往几次不同,显示出一些新的特征。有事实表明,中国工业增长和结构变动的动因和方式正经历着一次全面的蓄势已久的

---

[①] 国家统计局:《中国统计摘要(1996)》,第 75 页。

变化，出现了若干意义深远的新特征，预示着我国工业发展将进入一个新时期。

**1. 大企业和企业集团在工业增长和结构变动中的作用显著增强，大企业主导时期即将到来**

从 70 年代末期到 80 年代末期 10 多年间，我国有许多有利于中小企业高速发展的因素，此时以国有企业为主体的大中型企业竞争力较弱，因而中小企业即使投资数额少，技术水平低，产品档次低，也能寻找到较大的发展空间，这就使我国工业发展出现了中小企业排挤大企业、生产集中度下降等问题。从 90 年代初期开始，大中型企业和企业集团在我国工业增长和结构变动中的作用显著增强，这种趋势仍然在继续发展，表现在以下几个方面：

（1）对资金、技术实力有较高要求的非价格竞争力成为大部分加工工业产品竞争中的关键因素

从 80 年代末期开始，我国绝大部分加工工业产品进入供大于求的市场环境。即使在进入高速增长时期后，除少数基础产品外，工业产品尤其是消费类产品的"买方市场"仍然存在，生产企业之间竞争趋于激烈，非价格竞争力在许多工业行业中的影响显著增强。从我国近几年的情况看，非价格竞争主要包括可靠的产品质量、快速的产品创新能力、多媒介大范围的广告宣传能力、快速周到的售后服务网络，等等。有些竞争手段非实力雄厚的大企业或企业集团不能有效地使用，中小企业在这种竞争中往往处在不利地位，产品质量较差或虽质量上乘却缺乏宣传能力而难以被消费者接受；技术力量有限因而不能及时更换品种、或虽有技术能力却因生产规模较小、不能承受没有达到一定产量就更换昂贵的生产设备；至于巨额广告费用和建立全国性的售后服务网点，中小企业更加难以承受。由于大企业和企业集团在非价格竞争中

呈现出明显的优势,我国工业行业开始呈现出过去10多年求之而不得的集中趋势,特别在一些规模经济明显和品牌作用显著的行业和产品中,生产的集中速度更快。家用电器行业就是其中的典型行业。1995年,我国电冰箱产量超过30万台的12家企业,产量之和已占全国电冰箱总产量的87%;洗衣机产量超过30万台的企业,产量之和已占全国总产量的81%。[①]这种集中趋势在电视机、空调、小家电、摩托车、汽车等行业都表现得很明显。即使在一些规模经济特征并不显著的行业,由于采用费用高昂的促销手段,大企业也表现出明显的优势,如在食品、饮料、保健用品、化妆品、时装、小家电、日用机械等行业中,虽然形成生产能力所需的启动资金并不多,但形成"名牌"和扩大销售往往需要投入巨资促销。一些实力雄厚的大企业年广告费用可达千万元以上,仅此一项有时就高出同行业小企业全部投资数倍。显然,在非价格竞争中,中小企业处在明显的劣势地位。

**(2)大企业和企业集团的多元化经营战略成为新建扩建项目的重要动因**

经过以往10多年的发展,我国工业的产品档次和生产技术上了一个新台阶,产品档次低、技术水平低、生产设备和制造工艺简单、适合中小企业打"短、平、快"的项目在工业增长中的影响下降;反之,较高档次的消费品和较高技术水平的投资品已成为带动工业增长的主要力量。同时,在过去10多年中,一大批实力雄厚的大企业和企业集团脱颖而出,面对激烈的市场竞争,考虑企业的长远发展,它们纷纷推行多角化经营战略,不断寻求新的投资机会。新项目投资主体和动因的这种变化,使得在最近一次貌似以往重复建设的投资热潮背后,发生着非常重要的实质变化:第一,新的"热点"行业和产品已经不是"低水

---

① 根据中国家用电器协会提供的资料。

平"的重复建设,而是"高水平"的重复建设,在新建或扩建项目中,有相当一部分是同行业或相近行业中的大企业或企业集团投入巨资建设的,在规模、技术水平和产品档次上都居国内领先地位。最近几年我国冶金工业中的新项目,基本上都是行业中一些骨干企业新建、扩建的项目,技术水平和规模起点都较高;近几年销售量居前几位的春兰、华宝、美的、东宝等牌号的空调器,均背靠制冷设备、电子仪器等行业中的"大户"。第二,"热点"行业中的过度投资是"清醒的"行为,而不是"盲目"的行为,投资者明白市场竞争已经很激烈,但他们相信凭借自身的竞争力,能够在已经"饱和"的市场上挤占一块领地。第三,大企业和企业集团具有全新的竞争与发展观念,从企业和集团整体出发考虑其战略,为了长远的发展,可以放弃某些局部和短期收益。在新项目竞争中,表现得比较明显的是"抢占市场战略"的采用。"抢占市场战略"是指企业明知从市场条件或其他因素看生产某类产品暂时达不到规模经济的要求甚至会出现亏损,但为了保持企业在本行业的"排头兵"形象,或为了在未来看好的市场上创下牌子和进行必要的生产技术准备,或为了不让竞争对手独自占有市场,不顾暂时效益低而进入这个市场的战略行为。显然,这种投资是企业开始具有长远发展眼光的标志,不宜用一般的规模经济或收益率作为评判标准。

**2. 以投资需求为主带动的高速增长,促使基础工业产品和加工工业产品比价关系趋于合理,基础产品对经济增长的制约作用全面缓解**

最近一次工业高速增长的成因与80年代的几次高速增长时期有明显区别:在80年代,投资需求和消费需求共同带动工业高速增长,这一次的高速增长则主要由固定资产投资拉动。"八五"期间,全社会固定资产投资五年累计完成61637亿元,比"七五"时期增加41893亿元,年均增长 36.1%，比"七五"时期年均增高 21.1 个百分点。[①]受固定资产投资的拉动，重工业在"八五"期间经历了一个高速发展时期。从年度增速看，"八五"五年中，有三年重工业的增速明显快于轻工业。在"八五"后两年，轻工业的增长速度相对加快，特别是 1995 年，轻工业的增速达 16.7%，明显高于重工业 12% 的增长速度，但基础产品和工业原材料的供应仍然宽松，价格平稳，表明我国基础产业已经能够较好地适应较高的增长速度。

"八五"前四年，对投资品的较强需求，拉动了基础产品价格的上扬，使"八五"期间成为我国基础产品与加工工业产品比价趋于合理的重要时期。1990—1994 年这 5 年，在工业品出厂价格中，生产资料的价格上涨幅度有 4 年明显高于生活资料的价格。以 1993 年为例，生产资料类工业品的出厂价格比上年提高了 33.7%，而生活资料类工业品的出厂价格比上年只提高了 9.6%。

经过"八五"时期的发展和价格调整，基础产业和加工工业比价不合理的问题有明显改善。到 90 年代中期，再笼统地讲加工工业比价偏高，基础产业比价偏低已不恰当。以资金利税率为例，1985 年，资金利税率高于全部工业平均利税率的 16 个工业行业中，属于能源原材料工业的只有石油、天然气开采、化学纤维和石油加工四个行业，而加工工业中有 12 个行业的资金利税率高于平均水平。到 1994 年，资金利税率高于整个工业平均水平的 9 个行业中，属于能源、原材料工业的有石油和天然气开采、非金属矿采选、其他矿采选、石油加工及炼焦、非金属矿物制品、黑色金属冶炼等 6 个行业，属于加工工业的只有饮料、烟草和医药三个行业。在这 10 年间，电子、仪器仪表、纺织、工艺美术品、交通运输设备制造等加工工业的资金利税率，都从明显高于平均水

---

[①] 国家统计局："国民经济持续快速发展，宏观调控目标基本实现"，《经济日报》1996 年 3 月 2 日。

平降至平均水平之下。如果用产值利税率和百元销售收入实现的利润衡量,重工业的收益均高于轻工业,1994年,轻、重工业的产值利税率分别为8.56%和10.38%,每百元销售收入实现的利润分别为3.10元和5.02元。① 国家统计局的一项研究也表明,我国轻工产品价格相对下降,重工产品价格相对提高,行业盈利水平趋于平均。全国工业平均的资金利税率离差由1980年的45.1%缩小为1994年的10.6%,工业产品价格的不合理面由1980年的70%减少为1994年的22.5%,从资金利税率指标看,不同行业的盈利水平趋于平均。②

### 3. "存量调整"难度增加

70年代末期到80年代初期,我国轻重工业比例关系的调整收效迅速、显著,资产存量的调整在其中发挥了重要作用。当时大批生产投资品和军品的企业转向生产消费类机电产品,两者之间的设备和技术的通用性较强。然而在此之后,我国通过调整资产存量来调整产业结构的政策收效不理想。究其原因,是目前的结构问题不适合这种调整方式。需要调整、转产的纺织、采掘等行业,与有发展前途的电子、机械、化工、交通通信等行业之间,设备、技术、技能、管理几乎没有通用性,资源配置没有互逆性,存量刚性表现得很突出。

在一些加工工业内部,尽管存量调整有一定的可行空间,但资源配置刚性仍然限制着行业和产品之间的调整。因为即便是通用设备,存量调整也不可避免地存在着时滞。只有在产品、设备和技术变化缓慢的时期,或当调整出行业的设备和技术水平高于调入行业时(例如

---

① 1985年的数据引自国家统计局:《中国统计年鉴(1986)》,中国统计出版社1986年版,第334—335页;1994年的数据引自国家统计局:《中国统计年鉴(1995)》,第400—401页。

② 转引自"我国工业产品比价趋向合理",《经济日报》1996年3月31日。

七八十年代的"军转民"），大范围的重新配置才是可能的。在技术进步、设备更新、产品换代加速的今日，专用设备和技术的比例明显提高，同行业不同产品的背后，可能是差异显著的生产设备和技术，产品甚至品种的调整，可能意味着大量更换设备。如果勉强将一些可凑合使用的通用设备重新配置于新行业中，则使用这些设备的企业将面对大批采用全新高新专用设备和生产线的企业，很难与之竞争。存量资产在产业之间的转移困难，是目前我国一些传统产业和老工业区结构调整成效有限的主要原因，随着结构调整的加快，这些行业性和区域性结构问题会更加突出。

**4. 需求约束从消费品行业扩展至投资品行业和基础产业，工业增长方式转变的内在推动力已经形成**

70年代末期总结前30年工业发展的经验教训时，就开始强调要转变只注重数量扩张，忽视产品质量、技术进步和经济效益等问题。例如提出要"以提高经济效益为中心"，要"从外延式扩大再生产为主转向内涵式扩大再生产为主"，要"从粗放型增长转向集约型增长"等发展模式。但实际上，增长模式的转换过程进展缓慢，究其根源，是在供给不足的环境中，企业感觉不到需要转换的压力；相反，巨大的市场需求为规模扩张产生着强大的拉动力。经过10多年的高速增长，到80年代末期，我国消费品工业增长开始进入需求约束为主的时期，并逐步波及投资品工业和部分基础产业。1995年，由于需求不足而导致产量比上年下降的主要工业产品有：布从211.3亿米降为184.3亿米，呢绒从41900万米下降为34250万米，丝从10.64万吨下降为8.84万吨，自行车从4364.9万辆下降为3711.7万辆，家用洗衣机从1094.2万台降为944.8万台，成品钢材由8428万吨降为7939万吨，轮胎外胎由9302万条下降为8429万条。其中成品钢材是自1981年以后首次出现产量下降的问题。[①]最近几年,以往长期供给不足的能源、原材料行业和交通、通信等基础产业,也出现了供需平衡甚至供大于求的问题。除个别地区外,煤炭供应、电力供应、公路运输、铁路运输、港口吞吐能力、通信等以往长期制约经济发展的"瓶颈"已显著改善,有些方面还出现了能力明显过剩的问题,如港口普遍出现了吞吐量不足、能力闲置的问题。需求约束的形成,限制了企业继续进行规模扩张的意愿和空间。企业更加注意在价格、品种、质量、技术档次、售后服务等方面的竞争力。总之,有利于推动工业增长方式转变的内在推动力和市场环境已经形成。

可以看出,中国在经历了1个半世纪的工业化过程之后,到20世纪末期,正处在由新的矛盾、新的机遇和新的发展思路交织而成的转折点上。中国工业化将在世纪之交迈入新阶段。

---

[①] 数据引自国家统计局:《中国统计摘要(1996)》,第78—82页。

# 第二章 工业发展条件分析

在今后一二十年的时间内,中国工业的结构调整和体制转换过程,仍将具备保持较高增长速度的基本条件。

改革开放以来,中国工业已经持续 17 年高速增长,目前面临许多困难。然而仍然可以乐观地预期,未来一二十年中,我国工业仍将保持较高的增长速度。

今后较长时期内,中国具备工业持续发展所需的一般条件,而且在某些方面较之前 17 年更为有利。受国情特征、发展阶段和体制特点的影响,中国还具有几方面独特有利的条件。同时,不存在制约工业增长的不可替代的不利因素。无论从国际经验还是从本国的实际出发,中国都具备继续较高速度增长的条件。

## 一、保持高速增长的动因

从以往的经验看,中国工业发展的有利条件和内在潜力往往未被充分认识。

改革开放以来,中国的经济增长不断打破人们"高速度难以持久"的预言。即使是著名的经济学家和富有经验的政府官员,也往往在预言速度问题时出现失误。浏览一下 80 年代初期政府的重要经济文献和经济学核心报刊就能发现,当时政府官员和专家学者比较一致地认为,我国基础产业的落后状况只能支持80年代工业总产值的增长速度保持在6%—7%左右甚至更低,①但实践表明,更高的速度是可以达到的。在整个80年代,我国工业总产值年均增长速度高达12.9%。"八五"前4年,工业总产值增长速度更是高达19.6%。

各个行业在预计本行业的发展速度时,也往往过于看重各种不利的因素,低估了增长的潜力。例如,80年代初期,在充分估计各种可动员的条件后,我国钢铁行业曾下决心力争1985年钢产量达3900万吨,②结果1983年就达到了。以后制定的1990年、1995年钢产量目标,也都提前3年完成。

这种状况在绝大多数行业都存在。政府官员、学者和专家们总是惊讶地发现,尽管他们感到自己在制定计划时已经够"大胆"和"乐观",但工业本身总是"更大胆"和"更乐观"地增长。

为什么呢? 因为中国存在着诸多的增长机会和强劲的增长动力,又不存在阻碍增长的不可替代因素。

我们先分析人们最常提到的两项被认为是"中国特色"的不利因素,即"人口多"和"底子薄",实际上,它们都构不成阻碍中国工业增长的严重障碍。

统观第二次世界大战以后创造出工业发展"奇迹",后来而居上的国家和地区,恰恰都是人口密度很高的国家和地区。日本、韩国、新加坡等国家的人口密度都超过中国大陆。1993年,每平方公里拥有的人数,日本为329人,韩国为445人,新加坡为4783人。已经实现工业化的发达国家,也都是人口密度较高的国家。德国每平方公里228人,

---

① 例如,"六五"计划制定的工业总产值年均增长速度为5%,"七五"计划制定的速度为7.5%。见《中华人民共和国国民经济和社会发展第六个五年计划》和《中华人民共和国国民经济和社会发展第七个五年计划》。

② 见《中华人民共和国国民经济和社会发展第六个五年计划》。

英国 237 人，意大利 190 人。相比之下，中国的人口密度为每平方公里 123 人。①

作为经济发展的不利因素考虑，人口密度相对于人口总数而言是一个更重要的指标，人口密度高意味着人均占有的自然资源量少，而人口总数多意味着较大的国内市场。因此，上述方面条件比中国更差的国家和地区都能成功地在较短的时间内实现工业化，"人口多"的问题就不应成为中国工业发展的显著障碍。

人均收入低即所谓"底子薄"也不是不能高速增长的充足理由。除英国作为先行的工业国有着明显的前资本主义积累时期外，其余大部分后来居上的国家在工业化初期都是人均收入较低的国家。日本在 19 世纪末经济振兴时的人均收入水平比中国 20 世纪 70 年代末期的水平还要低，亚洲"四小龙"在经济起飞的初期，人均年国民收入的平均数仅仅为 179 美元，②中国在 70 年代末期就已高于这一水平。而且中国是一个有名的高积累率国家，新中国成立后始终保持着和日本大致相当的积累率，进入改革开放阶段以后除少数年份外，也一直保持着 35% 以上的积累率。特别是经过改革开放后 17 年的发展，中国经济总量和人均收入都有了长足增长，再过多强调"底子薄"就有些勉强了。

撇开上述"特殊性"，如果从世界工业化的历史经验看，中国是不是具备了工业继续高速增长的一般条件呢？

从那些工业化成就卓著的国家的初始环境推出所谓经济发展的前提条件和有利因素是一种合情合理的思路。然而，稍微详细具体一点的考察就能够发现，从那些工业化国家的发展史中抽象出几项"一般因素"并非易事。英国在工业革命初期，经历过一个原始的和前资本

---

① 数据引自国家统计局：《中国统计年鉴（1995）》，第 757 页。
② 数据引自 H. Singer, "The World Bank Report on the Blessing of 'Outward Orientation', A Necessary Correction," *Journal of Development Studies*, January, 1988.

主义的积累时期,正如马克思所指出的那样,通过大规模的殖民剥削、海盗式贸易和其他一些手段实现了财富的大量积累,才使工业革命时期的大规模投资成为可能,也使英国工业在 100 多年的时期内称霸于世界。美国在进行工业革命时,已经经历了好几百年的商业资本主义发展的历史,在工业革命中吸纳了大批来自欧洲的身怀技术和财富的移民,在两次世界大战中又独享不受战争破坏的有利条件。日本战后工业的迅速发展主要立足于国内人才和可观的资金外援,能不断地从国外引进大批先进技术,政府的产业政策更是日本战后发展"奇迹"中的独特因素。可见,有不少初始条件和启动方式各异的国家相继实现了工业化,迈进了发达国家的行列,不能认为某个国家的条件和方式就是工业高速增长的必备条件。

当然,多样化并不等于否定工业发展需要一些最基本的要素,如资本、劳动力、专业技术和管理人才等,在任何时期和模式之下这些要素都是不可或缺的。值得庆幸的是,一国内部这些要素的积累状况和盈缺程度对于工业化进程的影响,由于有了"替代性"的概念和实际上的替代可能而被明显弱化。20 世纪 60 年代初期,经济历史学家亚历山大·格森科提出,经济发展所需的假定前提条件一般都有"可替代性"。[①] 这一看法为解释各国不同初始条件下的工业化过程提供了既有共性,又能容纳多样化的理论模式。在"替代性"概念之下,资本仍然是工业迅速发展的基本条件,但是并不一定需要像英国那样有明显的前资本主义积累时期。例如在德国,几乎没有什么资本的原始积累,但是德国的银行系统却能够聚集起大量资金,然后贷给工业资本家,从而使银行体系成为原始积累的"替代物";在 19 世纪下半期的俄国,既没有原始积累阶段,也没有能够提供足够信贷的银行系统,它们的"替代

---

① A. Gerschenkron, *Economic Backwardness in Historical Perspective*, Harvard University Press, 1962.

物"是国家的税收权力,政府对人民课以重税,然后把税金用于工业投资。工业发展的其他要素也都各有"替代"的途径,如果专业技术人才和其他方面的专家短缺,可以吸收具有这方面技能的外国人;劳动力短缺的国家可以通过移民或其他途径的劳动输入方式来解决。总之,有了"替代性"概念之后,人们不再过于追究工业化进程所必需的前提条件,后进国家也不必因为条件不具备而过于悲观。

接下来的问题是,既然不必过于看重所谓工业发展的前提条件,那么应该怎样解释许多落后国家促进本国工业发展的努力久久难以奏效、长期被排斥在发达国家之外这一事实呢?发展经济学的专家们已经历时数十年在寻求这一疑问的答案,时至今日,似乎仍未提出过必然导致一国工业化过程不能持续推进的障碍。看来比较一致的意见是,单一的障碍可能由其他方式来替代。但是如果存在着许多障碍,就很难同时寻求许多恰当的替代物,单方面的努力就易于失败,工业化的努力就难免受挫。

通常被认为是发展障碍的因素有:

1. 贫困的恶性循环　由于投资是工业化的关键,所以穷国就难以进入工业化过程,因为对于这些国家来说,如何提高它们的储蓄率是难以解决的问题。的确,较多的发展中国家都碰到了储蓄率太低、积累不起工业化所需资金的问题。但是由于存在着一些反例,这一障碍的作用不宜绝对化,如日本是在人均国民收入300美元左右时实现了高于国民产值20%的高积累率,中国20世纪50—60年代在人均国民收入只有110美元时实现了占工农业总产值30%左右的积累率。

2. 小国的劣势　小国的劣势往往与资源的匮乏和市场的狭小联系在一起。现代工业生产对规模经济有明显的要求,因此需要有相应的市场规模,同时,工业生产往往需要多种自然资源,而小国难以同时拥有这些资源。因此,小国在工业发展中往往面临上述两方面的障碍。

但是,最近40年的发展经验却表明,小国或小地区可以通过对外贸易同时克服这两方面的障碍。新加坡和我国香港都是弹丸之地,市场极有限,几乎没有什么资源,但仍然通过对外贸易使其工业得到了长足发展,因此,这一障碍也不应绝对化。

3. 政治上的不稳定　政治上的不稳定不利于工业投资和工业化的进展。内战、持续的暴乱、政府的经常更迭、外来者的入侵等,会使投资者感到风险太大或无利可图。这种状况作为工业发展的障碍是非常显著的,几乎没有什么例外。

在那些政治局势特别不稳定又看不到解决问题前景的地方,国内外的投资者都不会投资于回收期较长的工业项目。1949年以前的中国,战后30年中的越南,70年代和80年代的柬埔寨、阿富汗,以及玻利维亚、巴基斯坦、加纳等国都可列入这种类型之中,例如,玻利维亚自独立后已经有过150多次政府变更,不仅任何一届政府都无暇顾及经济发展问题,而且对国内外投资者的政策难有持续性,因而国内外投资者裹足不前。

4. 经济发展的动力不足　现代工业发展是一个不断寻求发展机遇的过程,需要有一个具有很强致富欲望的群体。然而工商业方面的成就和许多其他方面的成就一样,需要社会对这种成就的认可和赞同,最低限度是不要压制这种努力和成就。但是,在有些社会中,这种环境并不具备,成为发展的障碍。E. 哈根曾经指出,极权社会不鼓励甚至压制人们通过经济方面的努力提高社会地位的企图,一些等级森严的国家也抑制了人们以工商业方面的成就改变社会地位的动力。[①]

5. 不利的国际环境　有关不利的国际环境形成工业发展障碍的观点,多从以下两方面进行论述。第一,国际贸易方面的障碍,往往阻碍

---

① E. Hagen, *On the Theory of Social Change: How Economic Growth Begins*, Richard D. Irwin and The Dorsey Press, 1962.

着发展中国家工业化进程中所需的进出口规模的实现;第二,是有关后进国家在与发达国家的经济贸易交往中究竟是得益还是受损的争论。

一些主要来自不发达国家的经济学家经常指出,发达国家特别是帝国主义国家,往往出于本国的利益,或者与不发达国家之间进行着不平等的贸易,或者通过直接投资使不发达国家的财富大量外流。然而这种观点碰到较多的怀疑和反驳,主要论据是实证的:那些与发达国家在经济上有密切联系的国家或地区,工业发展往往比较迅速,例如韩国、中国台湾地区、新加坡、墨西哥等,而那些在五六十年代初采取禁止或严格限制外资、希望独立发展民族经济的国家,比如埃及、印度尼西亚、缅甸、印度等国,发展的实绩并不理想。

6. 吸收现代科学技术和管理技术的能力不足　一个国家能否接受现代科学技术和管理技术,并对其加以改进使之符合本国的工业和技术基础以及市场条件,是发展经济学家重点强调的工业持续发展最重要的条件。落后国家能在多大程度上具备自己的研究和开发能力并不重要,重要的是它是否具备足够的能力从世界上已有的科学技术中选择恰当的内容并应用于本国的实践之中。如今的落后国家无需重新发明电力、铁路、汽车等最重要和最基础的工业技术,也无需重新摸索有关现代企业的基本管理知识。但就是引进和吸收过程,也需要具有相当科技知识基础的人来完成,而一些发展中国家这样的人才很稀缺。20世纪70年代,坦桑尼亚的中学入学率只有4%,大学入学率只有0.2%,整个人口中受过中等及中等以上教育的人数微不足道。就是连在本国接受完大学教育的人,也很可能对当代不断发展变化着的先进科学技术所知甚少,不具备对它们进行选择、改进乃至革新发展的能力。同时,大多数发展中国家的劳动力素质较低,不能适应现代工业技术对劳动者的知识和技能的要求。

如前面论述过的那样,由于替代可能的存在,单方面的障碍是有可能克服的。但是,当同时存在多种障碍时,发展的困难要大得多。设想一个贫穷落后的国家,资本积累能力很低,政局不稳,合乎要求的劳动力和科技人才稀缺,国内市场又很狭小,在这种国内没有市场,产品质量低劣又进入不了国际市场,政局多变风险很大的情况下,国际资本恐怕很难成为国内资本的替代物。这类国家往往启动不了大规模的工业化过程,或者通过进口替代进入初期工业化阶段之后,就难以继续发展。

中国今后的工业发展中虽然存在着许多要克服的困难,然而发展经济学认定的诸种真正威胁发展的障碍,特别是难以克服的"多种障碍综合征",在中国并不存在。中国的现实状况是:

(1)**积累率高**

在许多中低收入国家为不到15%的积累率而苦恼时,中国的高积累率非常引人注目。新中国成立后执行过的6个五年计划中,有4个时期的积累占国民收入的比重高达30%以上。特别有意义的是,虽然80年代国民收入中,中央财政收入和相应地用于积累的财政支出的比例持续下降,但整个积累率不但没有下降,反而在1984年以后连年高达35%左右,在"八五"后三年平均超过40%,[①]成为60年代以来积累率最高的一段时期。这段时期的高积累与新中国成立后前30年有不同的含义,以前是靠中央集权体制维持的"强迫储蓄",现在有相当的比例是"自愿储蓄"。因此,在较长的时期内,中国不会陷入储蓄率过低这种其他发展中国家常见的困境之中。

(2)**政局稳定**

新中国成立40年来,无论意识形态方面和政治体制方面的状况和变动如何,政府对政局的控制基本上是稳固的。就是一些最著名的西

---

① 国家统计局:《中国统计摘要(1996)》,第12页。

方发展经济学的专家也承认,政局的稳定与否既能够解释为什么中国在1949年以前不能进入现代经济发展阶段,也能够作为解释中国1949年以后经济高速增长的有力因素。

(3)经济发展的动力很强

虽然中国传统的较强发展动力(表现为"过热"的投资欲望)往往被认为是一种体制现象,而不是有利于经济发展的正常因素,然而近10多年来,这种解释显得愈来愈勉强。自改革开放以来,那些基本上游离于原来体制之外的非国有经济主体表现出极强的增长欲望,如乡镇企业、城市集体企业、城乡个体企业和中外合资企业等,均以显著高于国有企业的速度增长。人们从事经济活动的成就也愈来愈得到社会的尊重和赞赏,处于社会各个阶层的人都在寻找发展的机会,以至于政府不得不对这种动力有所约束。

(4)国际环境对中国工业发展的约束性较弱

中国是一个大国,无论从资源条件还是市场容量看,较大比重的国际贸易并非是现代工业发展必不可少的前提条件。因此,有利的国际环境将会促进工业的更快增长,但不利的国际环境并不会成为工业增长不可逾越的障碍(在小国则可能如此)。只要有一定数额的换汇能力用于进口必要的技术和设备,中国工业可以在内部循环的基础上达到可观的规模和齐全的体系,这正是中国工业发展的实际轨迹。当中国的电视机、洗衣机、收录机、钢、水泥、煤炭、机床等产品的产量已位居世界前列时,这些产品的主要市场在国内。目前的国际环境中并不存在特别不利于中国经济发展的因素,因此,从工业发展与对外经贸关系的角度考虑,没有理由认为中国工业不能继续保持较高的增长速度。

(5)科学技术和管理技术水平较高

中国的教育普及率及科技人员占总人口的比重,在中低收入国家中是名列前茅的。中国现在仅在全民所有制单位从事自然科学技术的人员就有近千万人，全国县以上全民所有制独立研究与开发机构有近6000家。中国的科学技术能力不仅仅表现为人员多，而且表现为研究和开发的能力较强，中国现在是世界上少数拥有外层空间开发技术的国家之一，是少数在南极建立了永久性观测站的国家之一。中国的应用技术开发能力近几年也有明显提高。此外，中国的经济管理人才也有人数较多和能力多样化的特点：前30年在中央集权模式之下，中国培养出大量有能力的计划管理人员；近10年来无论是国有企业还是非国有企业的经营管理人员，他们在中国计划与市场、改革与发展混合交织的复杂环境之中得到锻炼，内部管理和外部经营的能力都显著提高。

## 二、三大优势与可持续的工业化进程

讲中国具备了工业发展的一般条件，只能够证明中国工业可以"一般化"地发展。然而我们所期望的是，中国工业在经历了40多年较高的增长速度后，仍将以高于世界平均水平的速度发展，在21世纪前半叶实现后来居上的目标，进入世界工业强国之列。我们有这样乐观的预期，是由于中国有与大多数发展中国家不一样的三大优势条件。

### 1. 大国优势

经济史学家往往将工业发展过程描述成一种市场规模扩大的过程。亚当·斯密就曾经提出，生产率增长的关键是专业化，而这又受制于市场规模。当然，国内市场并不是唯一的可能出路，出口可以扩大市场规模，较早开始工业化的国家都曾以此推进了本国工业的迅速增长。然而，对于较晚开始工业化进程的小国，国内市场狭小，国内工业的技术和效率难以与发达国家竞争，除了国际环境特别有利的时期外，市场狭小就可能是小国工业化难以克服的障碍。

许多发展中国家在其工业化过程中都碰到市场容量有限的问题。尽管其中许多国家都是人口众多的国家,但是,人口多并不等于国内市场规模大。对工业品的有效需求来说,国民收入水平的影响更为重要。若以国内生产总值衡量,即使是那些发展中大国的国内市场规模,与英国相比也相差甚远。1985年,印度的国内生产总值只有英国的三分之一稍强,巴西大约为2/5,孟加拉国则仅仅为英国的1/30。[①]

中国作为一个发展中国家,在这方面的优势是非常突出的。尽管国内外许多专家都已经指出,按美元计算的中国国民生产总值大大低估了中国的实际收入水平,然而即使是按这种低估了的水平计算,中国的国内市场也是所有发展中国家中最大的。中国在今后一二十年的时间内,处在工业化阶段中结构转变最为剧烈的时期,一方面,主要针对城镇和部分富裕农村居民的高附加值工业品的市场容量将会很快扩张,例如家用轿车和民用住宅的发展;另一方面,农业和农村经济的发展及城市化过程的推进,为各类工业行业提供着不断增加的新消费群体,这个过程仍会持续较长时间。这种多层次需求使中国大多数工业行业仍然有巨大的潜在市场容量。

我们强调中国具有大国优势,指出中国可以主要立足于国内推进工业化进程,并不意味着要有意排斥对外经济贸易,在引进先进技术和进口某些短缺的原材料方面,对外经济贸易有着国内循环无法替代的重要功能。但是,发挥这些作用并不要求对外贸易达到很大的规模。一些小国实行过的出口导向型经济发展的含义远远超出上述方面,它要求国内整个工业体系的配置和产品的选择都以出口为导向,一般出口工业品应占到整个工业产值的1/3以上,因此,这种战略对国际环境有很高的要求。中国作为最大的发展中国家,工业发展模式的选择有

---

[①] 根据世界银行《1987年世界发展报告》(中国财政经济出版社1987年版)第206页表3的数据计算。

较大的空间,不至于受国际环境波动过大的影响。

大国的另一重要优势是在工业资源方面不必无选择地依赖于国际贸易。中国在辽阔的国土上拥有大宗工业用自然资源,煤炭、石油、非燃料性矿物的蕴藏都比较丰富。虽然不足以长期成为资源输出大国,但相当长时间内供应国内工业发展所需,一般不存在大的供需缺口,某些品种存在盈缺则可以通过国际贸易加以调剂。当然,当国际市场价格适当而国内已开发生产的数量尚不充足时,完全可以经过对外贸易进口一些初级产品,甚至当国际市场价格低于国内生产成本时,如果外汇储备充足,也可以缩减国内产量。

**2. 有效的"后发优势"**

"后发优势"也可以称为"落后之益",主要含义是指发展中国家可以学习先进国家的经验,加速自己的发展过程。

纵观世界工业化的历史,后进国家的崛起和超越虽然有着不尽相同的原因,然而吸收国外先进技术并使之适合于本国的情况,却是其中最基本和无例外的共性因素。美国工业起步于从英国引进水力纺织机和蒸汽动力机,以后又从英国引进铁路、机车、机械制造和钢铁冶炼技术。美国人不但善于引进,还善于改造和革新,如收割机和打谷机从英国引进后就进行过重要的改进,而电磁技术和电工理论虽然首先在欧洲发明,却被美国引进并首先在美国实现了电力的大规模应用。德国人发明并制造了第1辆汽车,然而美国人引进这一技术后实现了标准化生产,并且在短短数年之内就建立了世界最大的汽车工业,"给美国装上了轮子"。美国历来对引进技术十分重视,尤其是通过引进人才引进技术。较早时期美国从欧洲引进的技术,往往伴随着掌握这些技术的人才的移入,如工程技术人员和熟练工人。第一次世界大战后,美国更是不惜代价,利用各种机会物色高水平的科技人才,20世纪30年代,有数千名欧洲尤其是德国的著名科学家为了逃避纳粹分子的迫害而背井离乡，美国所提供的优越的科研和生活条件，吸引了其中许多人迁居美国，从此美国不仅在工业生产能力方面，而且在工业应用技术和基础科学方面都成为世界的中心。

第二次世界大战结束时，日本不仅是战败国，而且国内资源匮乏，需要大量进口工业发展所必需的能源和原材料。然而日本却在短短 20 年的时间内实现了工业现代化，将战后技术相当落后的工业部门全部用世界最先进的技术设备装备起来，主要工业部门的劳动生产率达到或者接近世界先进水平。日本的成就举世公认是"奇迹"，它取得成功的最重要的经验是技术引进。从 1950 年到 1975 年，日本主要从西欧和美国引进了 2.5 万多项先进技术和设备，吸收了全世界半个世纪开发的众多科学技术成果，选择吸收了各国的技术之长，并且在此基础上开展技术革新和技术革命，形成更加先进的工业技术体系。例如，日本的钢铁工业体系就是综合 6 个国家的技术而形成的，即美国、苏联的高炉高温高压技术，法国的高炉吹重油炼铁技术，奥地利的氧气顶吹转炉炼钢技术，德国的熔钢脱氧技术，瑞士的连续铸钢技术和美国的带钢轧机技术，如此博采众家技术之长，很快就在技术上占据了优势。

战后制造业增长和出口规模扩张较快的发展中国家和地区都明显地得益于技术引进。韩国在战后初期主要出口劳动密集型的产品，引进大量的先进技术设备。到了 70 年代中期，韩国已经开始出口钢材、电力机械、船舶和电子类产品；巴西、墨西哥两国也引进了许多现代工业技术设备，如石油化工、汽车制造、电器制造等，较快发展了国内现代制造业部门；中国香港利用其自由港的优势，不断从发达国家引进技术设备，从中国内地和东南亚国家进口原料及半成品，用先进的机器设备装备其劳动密集型行业，使其成衣、电子、微电脑等行业的产品在国际市场上富于竞争力；其他发展较快的国家和地区，如新加坡和我国台湾地区等的经济发展,都与引进技术设备有密切的关系。

现代科学技术的研究和开发代价是昂贵的,然而引进的代价要低得多。据称,日本用了不到60亿美元的代价,引进了其他国家花费了2000亿美元才研究出来的科技成果,引进的费用仅占研究费用的3%。引进技术还较发展中国家自己研究节省时间。在第一个五年计划时期,我国通过从苏联和东欧社会主义国家引进技术设备,在短短数年之内,就建立了较为齐全的工业体系,并且随着数百项引进项目的建设,培养出一大批国内工程技术人才。70年代中后期通过引进,建立起了现代化的石油化工工业体系和其他一些现代化工业项目,如武汉钢铁公司的一米七轧机、透平压缩机等。80年代初期经过短短三四年的引进,整个消费品工业的技术和产品焕然一新,并且建立起了若干高档耐用消费品工业和先进的设备制造行业。可以看出,中国工业生产技术和产品档次的3次大飞跃,莫不是利用"后发优势"取得的,每一批技术都是其他国家经过数十年研制过程之后的成熟结果。

"后发优势"并不局限于向发达国家学习科学技术,还包括其他各方面的经验。现代工业社会经过200多年的发展,已经积累起了宏观和微观两个方面的管理经验和处理经济发展中各种非正常情况的经验,已经有许许多多不同形式的经济体制模式和企业管理模式被尝试过。它们各自的利弊得失都已经显露出来,可供发展中国家参考和选择。

若能有效地利用"后发优势",从各个方面学习发达国家的经验,后进国家完全有可能以超过发达国家的速度发展本国经济。综观世界工业发展史,"后来居上"是一种颇为常见的现象。从18世纪60年代到19世纪40年代近100年的时间中,英国是世界工业的显赫中心。1820年,英国占世界工业总产值的一半,1850年在世界贸易总额中的比重为21%,并且以工业制成品为主,成为世界各国工业消费品和资本货物的供应中心。从19世纪中期开始,德国和美国开始以超过英国的速度发展,到了20世纪初期,两国的工业产值已经超过英国位居世界第一和第二。第二次世界大战以后,在美国继续保持世界工业第一强国的同时,日本以惊人的速度持续增长,不到30年的时间内,相继超过西欧各工业化国家,成为世界第二号工业强国,并且实际上已向美国的霸主地位进行挑战。在最有前途的工业产品中,日本许多种类的产品的竞争力和技术储备都已优于美国,如电子计算机、超大规模集成电路、高档耐用消费品等,迫使美国和西欧各国频频要求日本约束其产品在国际市场上的销售规模,以缓和它们所面临的巨额贸易赤字压力。

然而,这种"后发优势"的实现要求落后国家的差距不能太大。第一,后进国家要有工业发展必需的基本条件,如运输、电力、电信、一定教育程度的劳动力等;第二,要有一定的科技能力,因为即使是引进技术,也有一个选择、使用、吸收、改进和创新的过程,没有一些具有这类能力的科技人员(至少具有能够达到这种水平的教育基础的人员),就很难选择出适合于本国情况的技术并真正掌握这些技术,更谈不上在此基础上形成本国的科技开发能力。世界工业化过程中后来居上的各国和地区,在进入高速增长阶段时都具备了较强的科技能力,德国、美国、日本、亚洲"四小龙"无一例外。例如,发展经济学家们在分析中国香港和台湾地区60—70年代高速增长的经验时,都要提到40年代末期来自中国内地的大批科技人才和工商界人才的重要作用。可以想象,在一国科技水平和工业基础十分落后的情况下,"后发优势"发挥作用困难重重。因此,"有效的后发优势"这个概念可以表明一个国家具备有效地利用发达国家的先进科学技术和其他经验的起码能力。

中国也是具备这种能力的国家。中国的科研水平和各个层次的工业技术水平在发展中国家中是卓著的。从航天技术、核工业技术、微电子技术等高科技领域到各类消费品工业技术等各个层次,中国都有一批高水平的科技专家和工业基础；中国已经形成了庞大的工业体系，在这个基础上可以有效地移植发达国家的工业技术；中国的基础设施建设正在加紧进行，不断增加着的基础设施可以支持现代工业的增长；中国奉行对外开放和利用外资的政策，有利于采取各种形式吸收国外先进技术和管理经验；中国的出口额1995年已达1488亿美元，外汇储备达780亿美元，可以支持较大规模的技术和设备进口；中国的大专院校、科研机构和专职科研人员之多，堪称发展中国家之最；中国的国内市场之大，使得立足于大规模生产方式之上的工业技术不会碰到与市场不相称的难题。

### 3. 消除失衡状况产生的效率改进

中国另外一个明显优势是，消除失衡过程本身就会导致明显的效率改进，以致成为促进工业发展的有利因素。

第一，部门间非均衡蕴含着效率改进和经济增长的可能性。中国长时期以来的经济增长具有突出的非均衡特征，其中蕴含的加速增长潜力是可观的。以农业和非农产业的劳动生产率为例，二者之比经常达到1∶5左右，只要持续存在农业劳动力向非农产业的转移，劳动生产率就可望获得相当显著的增长。20世纪80年代以来，中国工业的发展在相当大程度上来源于农业劳动力伴随着乡镇企业的崛起而向非农产业的转移。另一个例证是加工工业与基础设施之间的缺口，如果能源（主要是电力）、运输（主要铁路运输）能有长足增长，所带动的加工工业部门产出可能数倍于这些基础产业部门本身的产出。可以预计，在20世纪90年代和21世纪初，在中国的非均衡增长状态未有根本缓解前，通过资源向高生产率部门的转移和消除"瓶颈"环节，就能构成中国经济效率改进的举足轻重的一个方面。

第二，先进与落后部门并存有利于加快技术进步。中国一方面拥有少数几个发达国家才拥有的原子、航天、电子等产品的研究、开发和生产能力,另一方面,在农村的许多地区,依然沿用着数千年延续下来的生产工具和耕作方式。与其他二元经济国家相比,中国技术档次差距可能是最大的。然而,这种状况同时也包含了推动技术进步非常有利的条件。技术档次差距大意味着经济中的落后部分有着采用新技术迅速进步的可能性。其次,在同一经济中,高档次技术会对使用低档次技术的部分产生强烈的示范效应。最后,在国内由先进部门向落后部门传递先进技术,与在各国之间实现这种传递相比,成本通常要低。80年代中国经济中军工技术向民用部门传递,城市企业技术向乡镇的传递,以及工业和科技部门帮助农村科技兴农等都是颇有成效的。如果科技政策能更好落实,阻碍技术转让的藩篱能进一步拆除,由技术传递而推动技术进步的速度还会更快一些。

第三,城乡消费水平差异有益于某些工业部门成熟期的延伸。作为长期推行城乡隔离发展政策的后果之一,中国的城乡生活水平的差距很大。改革以后这种状况有所改善,但差距仍然明显。以家用电器为例,1995年,城镇居民每百户拥有洗衣机89台,电冰箱66台,彩色电视机90台;而农村居民每百户的拥有量分别只有17台、5台和17台。[①]这一现象并不完全是消极的。首先,这种差距避免了对某一档次消费品的需求浪潮更加集中地到来。与其他工业化国家相比,由于中国人口基数大,如果需求高潮同期到来,短期内可能形成对某类消费品的巨大需求,即使是部分区域如城市的需求,也足以使成长中的消费品工业难以应付,在某个时期内形成较大的供需缺口。在这种情况下,城乡消费差距就起到了分散消费需求到来时期的有利作用。其次,也是更重要的一点,城乡居民消费水平差距能够有效地延长某些耐用消费

---

① 国家统计局:《中国统计摘要(1996)》,第56、59页。

品工业的成熟期。每种工业产品的生产大体上都要经历萌芽、成长、成熟和衰落这几个阶段。在产品进入成熟期以前，要付出大量的研究、开发、推广费用。产品的成熟期愈长，分摊到每件产品中的这类费用愈少。虽然中国城市对某类消费品的需求浪潮过后有一个市场疲软期，但农村的需求浪潮迟早是会到来的。第2次浪潮到来后，在第1次浪潮中已进入或接近进入成熟期的产品生产能力将再次得以充分开发，规模甚至有所扩大，并持续较长时间。有理由相信，中国的新兴家电如电视机、电冰箱、洗衣机、音响设备等生产行业在20世纪90年代和21世纪初会迎来源于广大农村地区的第2次需求浪潮。新一代耐用消费品（如轿车类）制造业等，大概也会由于城乡消费水平差距（尽管那时这一差距可能缩小）而维持较长的成熟期。

中国工业发展在面临有利条件的同时，也面临一些困难。本书开篇时就已经指出，投资需求因控制通货膨胀的压力受到限制和具有较大带动力的新消费层面没有形成，使工业高速增长缺乏新"热点"的带动；国有企业的困境继续加重和改革举步艰难，企业间拖欠问题严重制约着企业的运作，均影响着整个工业部门的效率和发展；工业增长吸纳就业的能力趋于弱化和国有企业中和城市集体企业中"下岗"职工不断增加，导致就业问题压力很大；中国的开放度仍在加大，致使部分工业受外部冲击明显；一些传统产业和采掘业基地，因需求变化和资源枯竭等问题，陷入行业性、区域性困境之中，靠自身摆脱困境困难重重。这些问题都是当前工业运行和发展面临的难题。

这些问题的出现受发展阶段本身的影响，也受体制改革进程的影响，它们是障碍也是机遇。困境是寻求变化的推动力，如果政策调整得当，发展与改革战略选择没有大的失误，今后中国工业结构调整和体制转换过程将会加速，工业在新的发展模式和体制环境下，进入新的持续、高速增长时期。本书以后各章将会分析这些方面的内容。

最后，在这里需要特别指出，只有没有质变的量变，经济和社会状况才会是稳定的，只要有质变，原有的结构必然要被破坏，因此必然要引起震荡。以前中国的改革和发展是所谓"增量扩张"式的，即在不对原有体系进行大的改革的前提下，促进新体系的形成和发展。今后中国工业发展和改革将在存量结构更加剧烈的调整中进行，因此，不断的波动和震荡难以避免。对这一点要有深刻的认识。由于种种矛盾的显现，结构问题、就业问题、企业困境问题都将存在于今后的发展之中，有些甚至在某些阶段更加激化。这种状况会导致对增长、结构调整和体制改革之间关系和顺序的不同看法。"先调整结构再加快增长"和"结构不调整难以维持高速度"等观点虽然正确强调了结构调整的重要意义，但很可能低估了推动增长因素的强大作用，也低估了高速度对结构调整的积极影响。今后中国产业结构的调整，将在经济持续高速增长和存在种种波动问题的大环境中进行。在这个过程中，政府需要通过设计恰当的时间表和必要的政策调整，将这种波动和震荡约束在一个社会可以承受的程度内，使其不至于成为经济增长和社会稳定的严重障碍。

本章的分析表明，从各种条件考虑，在今后一二十年的时期内，中国工业在结构调整和体制转换过程中，仍将具备保持较高增长速度的基本条件。同时，某些困难和不稳定的状态仍将存在，这两种态势交织在一起，构成世纪之交工业化进程的基本特征。

# 第二篇 世纪之交的发展大趋势

# 第三章　工业增长与结构转变趋势

　　由于处在不同发展阶段重叠进行的时期，中国仍要靠多元化的结构变动和多种产业并行发展来保持较高速度的经济增长。同时，也会有一组对经济增长的贡献相对突出的行业，可以称为"主导产业"。

判断目前中国工业化所处的阶段，对于把握今后工业增长速度和结构转变方向有重要意义。本章分析的结论是，到 2010 年之前，中国工业将处在完成传统工业化与工业现代化两个阶段重叠进行的时期，这是由中国经济的特殊结构所决定的。这种在不同工业化阶段和层面上全面展开的工业发展过程，将为今后我国工业发展提供多种增长机会和多方向的结构变动。

　　20 世纪之内，我国工业在 GDP 中所占的份额会大体上稳定在目前的水平上并略有上升，达到略高于 50% 的水平，在 2000 年以后开始略有下降。在这个阶段中，轻重工业都将保持较快的增长速度，其中 20 世纪内重工业的增长会略快于轻工业，但速度差距不会太大，到 20 世纪末工业增加值中重工业所占的比重会略有上升。

　　由于处在不同发展阶段重叠进行的时期，中国仍要靠多元化的结构变动和多种产业并行发展来保持较高速度的经济增长。同时，也会有一组对经济增长的贡献相对突出的行业，可以称为"主导产业"。不过，与发达工业化国家同阶段相比，"主导产业"的作用要弱一些。

# 一、工业化阶段判断

判断目前中国工业化所处的阶段,对于把握今后工业增长速度和结构转变方向有重要意义。

世界工业化已经有200多年的历史,一些国家已经完成了传统工业化,还有许多国家处在工业化的不同阶段,今后我国工业能保持什么样的发展速度,结构会发生什么变化,可以从其他国家的经验中得到有益的启发。

钱纳里等人将经济增长理解为经济结构的全面转变。在他们借助多国模型提出的增长模式中,随人均收入增长而发生的结构转变过程被划分为6个时期、3个阶段。如表3-1所示。

其中第2阶段(包括2、3、4三个时期)是传统工业化阶段,这个阶段可分为初期(第2时期)、中期(第3时期)和成熟期(第4时期)。在这个阶段内结构变化最为剧烈。按照钱纳里归纳出来的标准模式,在这一阶段内制造业在国内生产总值中的份额从19%增加到36%,人均收入从280美元增加到2100美元。与此同时,制造业就业份额的变动滞后于其在国内生产总值中份额的变动,从10%上升到20%。

**表3-1 增长阶段的划分**

| 收入水平(人均美元,1970年美元) | 时期 | 阶段 | |
|---|---|---|---|
| 140—280 | 1 | 第1阶段 | 初级产品生产 |
| 280—560 | 2 | 第2阶段 | 工业化 |
| 560—1120 | 3 | | |
| 1120—2100 | 4 | | |
| 2100—3360 | 5 | | |
| 3360—5040 | 6 | 第3阶段 | 发达经济 |

资料来源:〔美〕H.钱纳里等《工业化和经济增长的比较研究》,吴奇等译,生活·读书·新知三联书店上海分店1989年版,第3章。

我国有学者根据100多个国家的资料,计算出人均收入水平和产业结构变化的关系,见表3-2。

表3-2 人均收入水平、GNP结构和就业结构

(%)

|  | 400美元 | 600美元 | 1000美元 | 2000美元 |
| --- | --- | --- | --- | --- |
| 第一次产业占GNP比重 | 26.7 | 21.8 | 18.6 | 16.3 |
| 第二次产业占GNP比重 | 25.5 | 29.0 | 31.4 | 33.2 |
| 第三次产业占GNP比重 | 47.8 | 49.2 | 50.0 | 50.5 |
| 劳动力在第一次产业中的比重 | 43.6 | 34.8 | 28.6 | 23.7 |
| 劳动力在第二次产业中的比重 | 23.4 | 27.6 | 30.7 | 33.2 |
| 劳动力在第三次产业中的比重 | 23.0 | 37.6 | 40.7 | 43.1 |

资料来源:李长明"产业结构与宏观调控",《数量经济技术经济研究》1994年第12期。

此外,世界银行《1991年世界发展报告》提供了1989年各收入组别的GDP结构和城市化水平(见表3-3)。低收入国家指那些1989年人均收入低于580美元的国家,中低收入国家指那些1989年人均美元在580美元以上、2335美元以下的国家。这两个时期对中国有参考价值。

表3-3 人均收入、GDP结构和城市化水平

(%)

|  | 低收入国家 | 中低收入国家 |
| --- | --- | --- |
| 农业在GDP中的份额 | 32 | 14 |
| 工业在GDP中的份额 | 37 | 35 |
| 服务业在GDP中的份额 | 31 | 51 |
| 城市人口占总人口的比重 | 36 | 53 |

资料来源:世界银行《1991年世界发展报告》,中国财政经济出版社1991年版,第208页表3,第264页表31。

我们可以借用上述三种"标准"模式,分析我国的工业化阶段问题,并与其他一些处于同样发展阶段的国家的情况进行对比。其中最重要

的变量是人均收入、国内生产总值结构、就业结构和城市化水平。[①]

1. 人均收入：1994年，按实际汇率计算，我国人均国内生产总值（GDP）为540美元。

2. GDP结构：1994年，我国GDP中，第一次产业、第二次产业和第三次产业所占的比重分别为20.3%、48.0%和31.7%。

3. 就业结构：1994年，在全部就业人数中，第一次产业、第二次产业和第三次产业所占的比重分别为54.3%、22.7%和23.0%（见表3-4）。

4. 城市化水平：1994年，中国城镇人口在总人口中所占的比例为27%。

将中国的情况与表3-1、表3-2、表3-3中的数据对比，可以对中国所处的工业化阶段和结构状况做出以下判断。

表3-4 中国的GDP结构和就业结构（1994年）

（%）

|  | GDP | 就业 |
| --- | --- | --- |
| 第一次产业所占份额 | 20.3 | 54.3 |
| 第二次产业所占份额 | 48.0 | 22.7 |
| 第三次产业所占份额 | 31.7 | 23.0 |

资料来源：同本页注①。

第一，按实际汇率计算的人均收入水平低估了中国所处的发展阶段。按实际汇率计算，1994年我国人均收入只有540美元，比1981年人均286美元的水平只增加了250美元左右，与标准模式相比，尚处在经济增长第二个时期，也就是工业化的初期阶段，这显然不符合中国近些年经济增长的实况。国内外有一些研究认为，按美元计算的人均收入，低估了中国的实际收入水平。我们认为，按人均收入水平衡量，较为恰当的估计是，中国目前处在经济增长的第3个时期，也就是工业化

---

① 本部分有关中国的数据引自中国经济年鉴编辑委员会《中国经济年鉴（1995）》，中国经济年鉴社1995年版。

阶段中的第2个时期,即处在人均收入560—1120美元的时期。更确切一些讲,处在这一时期的中后期。

第二,GDP中工业所占的份额明显偏高,服务业的份额明显偏低。1994年,中国的GDP中,工业所占的份额为48%,这一比例远远高于表3-2和表3-3中所有收入组别的份额。同年农业占GNP的份额为20.3%,处于表3-2中人均收入600美元的国家和1000美元的国家之间,也处于表3-3的低收入国家和中低收入国家之间。我国服务业在GNP中的份额为31.7%,与表3-2和表3-3中各收入组别相比都明显偏低。可以看出,在中国GDP中,工业所占的份额之高和服务业所占的份额之低都是超乎寻常的。

第三,就业结构中第一次产业比重过高,服务业比重低。1994年,第二产业吸纳的就业人数占就业总数的22.7%,与表3-1中工业化初期阶段和表3-2中人均收入400美元阶段的比重相近。然而,中国就业结构中,农业所占比重之高和服务业所占比重之低,与所有收入组别相比都是非常显著的。

第四,城市化程度较低。1993年,中国城镇人口在总人口中所占的比例为27%,远远低于表3-3中低收入国家36%的比例,更明显低于中低收入国家52%的比例。表明了中国的城市化过程明显滞后于工业化过程。

从上述对比中能够对中国目前所处的工业化阶段做出什么判断?显然这是一幅相互矛盾的画面。如果从工业在GDP中所占的份额进行判断,似乎可以认为中国已经完成了传统工业化;而如果从就业结构和城市化程度进行判断,中国又似乎处在传统工业化的初期阶段。显然,这两种估计都与中国工业化的实际水平有较大的偏差。中国的工业化过程与各种"标准模式"出现显著偏差,可以从中国传统体制下对资源的行政配置方式和对城乡之间劳动力转移的严格限制等方面得到解释。

综合考虑上述各项分析，由于工业化道路的独特性，中国目前处在工业化不同阶段重叠进行的时期。一方面，从总体上讲，中国处在经济发展的第3个时期、也就是工业化阶段中的2个时期，即人均收入560—1120美元这个时期，从这个角度讲，今后的任务是完成传统工业化。另一方面，中国在一些工业领域又达到了处在这一阶段国家难以达到的发展水平，呈现出工业化阶段中的第3个时期，即人均收入1120—2100美元这个时期的一些特征。在这个层面上，今后的任务是推进工业现代化，向发达经济阶段迈进。由此得到的结论是，在2010年之前，中国将处在完成传统工业化与推进工业现代化两个阶段重叠进行的时期。

## 二、增长速度与结构取向

前一部分的分析表明，今后一二十年，我国要完成实现传统工业化和推进工业现代化双重任务，这两个过程依次相接又部分交叉，因此，我国工业增长和结构变动可能呈现出工业化不同阶段的增长因素和结构特征重叠、具有多层次增长空间的基本特征，这个特征将对中国工业今后持续高速增长产生有利的影响。

基于上述判断，有理由认为我国工业在今后一二十年中保持较高的增长速度是可能的。笔者参与的中国社会科学院的一份研究报告认为，从1991年到2010年，我国工业将以高于国民经济增长率的速度增长。整个20年的增长速度分两个阶段，1991—2000年为第一阶段，工业增加值年均11%；到2000年，工业增加值为21912亿元人民币，占国内生产总值的比重为52.3%。2001—2010年为第二阶段，工业增加值年均7.6%，到2010年，工业增加值可达45583亿元人民币，占国内生产总值的比重为52.8%。①笔者认为,这个速度是有可能达到的,但对结构方面的变动有一些不同看法。从工业化过程的一般规律和中国产业结构的实际状况考虑,进入21世纪以后,在工业保持较高增长速度的同时,第三产业的增长速度会加快,工业在总产出中的比重应基本持平或略有下降。

在这段时间内,中国将要基本上完成传统工业化,即从人均收入560—1120美元这个阶段进入到人均收入超过2100美元的阶段,也就是完成从标准模式中的第3个时期(工业化阶段中的第2个时期)向第5个时期(发达阶段的第1个时期)的转变。

达到上述人均收入水平看上去有困难。1995年,按实际汇率计算,中国的人均收入为570美元,要在2010年达到人均收入2100美元这个实现工业化的最低水平,即使人口增长率为零,也需要在15年的时间内增长2.68倍,年均增长速度要高达9.1%。在这样长的时期内保持这样高的增长速度有可能吗?

在前面的分析中,我们指出了中国在未来10多年中保持较高增长速度的可能性。一些权威预测认为,在20世纪内保持年均9%左右的速度是可能的,但进入21世纪后,增长速度会有所减缓,大约保持在年均增长7%—8%的水平。②按这种预测计算,如果汇率水平保持不变,到2010年,中国的人均收入水平将达到1800—1900美元,与完成传统工业化所对应的收入水平尚有一定差距。如果考虑到人口增长因素,差距还要扩大一些。③

不过,在这个过程中,中国必定要经历一个人民币升值的阶段。在

---

① 中国社会科学院课题组:"中国经济发展的理论思考与政策选择(上)",《管理世界》1994年第4期。
② 同上。
③ 钱纳里提出的这个标准,是以1970年美元表示的。如果考虑到通胀因素,这个标准要提高。为了分析方便,这里仍以2100美元为标准。

发展水平较低的国家,经济的货币化程度较低,国内价格结构存在明显扭曲,出口能力较差,本币往往被低估,因此,按汇率将本国总产出换算成美元后表示的收入水平偏低。随着收入水平的提高、出口能力的增强、贸易结构的改善和外汇储备的增加,本币必然出现升值趋势,而且这个趋势往往在高速增长15至20年左右的时候开始形成。比如日本1965年人均GNP只有876美元,1989年达23296美元,而1965—1989年,按本国不变价格计算,年增长率为4.3%,显然远不足以解释人均GNP的增长。[①] 实际上在此期间,日元对美元的汇率发生很大变化,仅从1982年到1987年,日元与美元的汇率就从235∶1升到123.5∶1,即使这5年间日本经济不增长,仅汇率变动也会使以美元衡量的人均GNP增长近1倍。我国台湾地区、韩国等战后经济高速增长的地区和国家,也都呈现出相同的变化趋势。最近两年,人民币已经表现出升值的趋势,国内较高的通货膨胀率也未能扭转这种走势,人民币对美元的汇率已从1994年底的8.7∶1上升到1996年5月底的8.25∶1。如果国内经济发展与社会稳定不出大的问题,在未来10多年中,人民币仍将保持缓慢升值的趋势。其结果是按美元计算的人均收入水平的提高快于按人民币计算的结果。

## 三、结构纠偏与升级

未来10多年,中国经济在保持较高增长速度的同时,结构变化将有两大趋势。一方面,校正"现存结构"与同阶段"标准结构"的过大偏差;另一方面随着阶段的变化,向更高阶段的"标准结构"趋近。也

---

① 人均GNP引自〔日〕南亮进:《日本的经济发展(修订版)》,毕志恒等译,经济管理出版社1992年版,第11页表1.1;年均增长率引自世界银行:《1991年世界发展报告》,第204页表1。

就是说，随着工业化的推进，经济结构在按标准模式指示的方向变动的同时，也将逐步纠正目前存在的大幅度偏离标准模式的状况。前面我们已经分析过，我国目前的产业结构、就业结构、城市化水平等主要指标，与人均收入水平所对应阶段的标准结构状况相比都有较大差异。在部门结构方面，表现在制造业产出比重偏高和服务业产出比重偏低；在就业结构方面，表现为农业就业比例偏高；在城市化程度方面，表现为城市化水平偏低。如果与下一阶段的标准结构相比，现有结构的差异比上述几方面更加突出。因此，无论是纠正现有结构偏差还是向更高阶段的结构演化，都会导致在今后一二十年的工业化过程中，我国出现下述结构变化趋势。

20世纪之内，工业在GDP中所占的份额大体上稳定在目前的水平上并略有上升，达到略高于50%的水平。在2000年以后可能出现平缓下降趋势。为什么在工业占GDP的比重已经高于同阶段所有"标准模式"的状况下，还认为GDP中工业所占份额会有所上升？这是由于农业人口所占比重畸高，服务业的吸纳能力有限，因此农业人口继续向工业转移的势头仍会强劲，带动工业份额有所上升。这一时期，农业份额会持续下降，服务业份额缓慢上升。进入21世纪后，随着服务业发展速度的加快和农业人口转移压力的缓解，工业份额上升的趋势会发生变化，并在2010年前后降至50%以下的水平。

在此期间，化工、汽车、电子、建筑等支柱产业将成为增长较快的行业，交通、水、电、煤气等基础产业和基础设施部门将成为投资的重点，产出份额略有上升。食品、纺织等轻工业部门的产出份额有所下降。到20世纪末，整个工业的技术水平、产品性能大致上达到90年代初期的国际先进水平。基础设施、基础产业与国民经济发展不相适应的情况会明显缓解。与此同时，农业在GNP中的份额降至15%左右，服务业的比重上升到35%左右。进入21世纪之后，随着人均收入水平的提高,对轿车、住宅、新一代高档家用电器等的大量需求将带动这些部门的产值份额继续上升。不过,从工业化的规模看,最终需求的增长和变动只影响到工业总产出增长中的一小部分,工业增长的大部分靠中间需求的迅速增加带动。基础设施、基础产业的增长速度大体上与整个工业持平,满足经济、社会发展需求的程度进一步提高。

在这10多年内,最需要关注的问题之一是农业劳动力的转移问题。对中国这样一个农业人口众多、长期实行城乡隔离的国家来说,农业就业比例过高是我国产业结构中最为畸形的部分,解决这个问题的难度很大,意义也最为深远。无论其他指标怎样接近和达到了实现工业化的水平,如果劳动力滞留在农业中的比例依然很高,就不能说已经完成了工业化任务。这是一个涉及工业化目的和社会发展价值判断的问题。推行工业化的目的就是为使全体社会成员享受到现代工业文明带来的福利。如果相当一部分社会成员被排除在工业化的进程之外,不能大体平等地分享工业化带来的利益,这种工业化无论在总量上推进速度有多快,都是存在着严重缺陷的工业化过程。

从改革开放以来的趋势看,就业结构中农业份额的下降大致上保持着每年1个百分点的速度。1979年,就业结构中农业的份额为70.5%,1985年为62.4%,1995年为52.2%。[①] 如果按这种速度推进,到2010年,就业结构中农业的份额可望降至37%左右。这个过程很艰巨但也是有望完成的。艰巨性在于第一,工业的资本密集度不断上升,每一单位新增产值吸纳劳动力的能力下降;第二,随着国有企业改革的推进,国有企业富余职工和下岗职工的再就业问题日益突出,将会在新就业机会上占去一个较大的份额。与此同时,也存在一些有助于农村就业份额稳步下降的因素。一是随着经济的发展,服务业的发展能提供

---

① 国家统计局:《中国统计摘要(1996)》,第4页。

较多的就业机会,二是自70年代末期以来推行的计划生育工作已见成效,新增劳动力数量减少。三是随着农业就业人数的下降,每减少1个百分点,需要转移劳动力的绝对数量减少。

在完成传统工业化的同时,工业现代化的过程也将同步进行。一些已达到较高水平的工业领域可以向世界先进水平迈进。事实上,作为后起国家,并不一定要重复先行工业化国家走过的道路,先完成传统工业化过程,再推进工业现代化,而可以在一定程度上并行发展。由于中国工业化道路的独特性,这种并行发展的特征更为突出。目前我国已经具备一批在科研、设计、制造和应用方面达到较高水准的高新技术产业部门。与人均收入水平相比,中国在技术档次、产业实力方面与发达国家的差距要小得多,在同档次收入水平的国家中更是佼佼者。可以预计,今后10多年,一批与高新技术相关的产业和产品将以较高的速度增长,如电子信息、航天航空、新材料、新能源、生物工程等产业和产品的份额将有较大幅度的增长,用新技术、新设备对传统产业的改造也将在较大范围内进行。这种趋势已经存在,但在20世纪之内,尚不宜在工业化过程中被置于优先和主导的地位。从21世纪初开始,工业现代化过程将逐步成为工业增长的主导因素。

## 四、并行增长的轻重工业

最近几年,关于我国重工业在90年代应该得到较快发展、重工业比重到90年代末应显著上升的观点比较流行。其理由是中国目前的轻重工业比例与其他国家相同时期的状况相比,重工业的比重较低,轻工业的比重较高,原因是中国工业在80年代的发展过于"轻型化"。笔者的观点是,今后16年,我国的轻重工业都将保持较快的增长速度,重工业的增长会略快于轻工业,但速度差距不会太大;到20世纪末工业增加值中重工业所占的比重会略有上升,但也不会上升很多。

按我国统计口径计算,80年代我国工业增长中,加工工业尤其是轻型加工工业增长较快,我们的看法是,这种态势基本上是正常的,理由有以下两方面,第一,我国的统计口径不同,按我国口径计算的轻重工业比例,明显低估了重化工业的发展成就;第二,作为后起国家,增长途径的选择空间要大得多,产业结构的变化与先行国家可以有明显不同。

我国统计口径中重工业与轻工业的计算方法,与国际上通用的重化工业与轻工业的计算方法有较大差异。按照国际口径,这种比例是在制造业范围内计算的,轻工业主要指以农产品为原料的加工工业,主要包括食品工业和纺织工业;重化工业主要包括金属、机械、化学三个行业。按国内口径,轻工业还包括日用机械、日用金属制品、日用化学品等消费品工业(按国际口径,这一部分应被计入重化工业),重工业中还包括采掘业(按国际口径,这一部分不应被计入制造业产值)。因此,在对数据进行调整之前,用我国的重工业与轻工业的比例直接与其他国家的有关数据相比或与"霍夫曼"系数等参考值相比就不够恰当。

我们按照下述方法对数据进行调整:(等式右侧为国内口径)

制造业产值(国际口径)=工业产值-采掘业产值

重化工业产值(国际口径)=重工业产值-采掘业产值+轻工业产值中以非农产品为原料的部分

轻工业产值(国际口径)=轻工业产值-轻工业总产值中以非农产品为原料的部分

下面我们以1991年的数据为例,对比按国内、国际两种口径计算的重工业与轻工业的比例。按我国统计口径所得的结果如下面表3-5所示。

由于按我国统计口径,消费类机电产品、化工产品和金属制品被计入轻工业,而它们按国际口径应被计入重化工业,因此,构成我国80年代"轻型化"发展方式中很重要一部分(在一些分析中,这部分工业的迅速增长被看作是工业发展"轻型化"的主要表现),实际上应归为重化工业的增长。对比表 3-5 和表 3-6 可以看出,从 1978 年以来,按国际口径计算的我国工业中重化工业和轻工业的比例,一直稳定地高于按我国口径计算的重轻工业的比重约 12—14 个百分点,我国统计口径所显示的重工业与轻工业的比重明显低估了我国重化工业实际已取得的发展成就及其对工业增长的实际贡献。也就是说,我国重化工业的发展及其在制造业产出中的份额已经达到与工业化水平基本相适应的程度。

表 3-5　按我国口径计算的重、轻工业比例

(%)

|  | 1952 年 | 1957 年 | 1978 年 | 1980 年 | 1985 年 | 1991 年 |
| --- | --- | --- | --- | --- | --- | --- |
| 工业总产值 | 100.00 | 100.00 | 100.00 | 100.00 | 100.00 | 100.00 |
| 重工业总产值 | 35.5 | 45.0 | 56.9 | 52.8 | 52.9 | 51.1 |
| 轻工业总产值 | 64.5 | 55.0 | 43.1 | 47.2 | 47.1 | 48.9 |

资料来源:相应年份的《中国统计年鉴》。

按国际口径调整后的重化工业和轻工业的比例如下面表 3-6 所示。

表 3-6　按国际口径计算的重化工业与轻工业的比例

(%)

|  | 1952 年 | 1957 年 | 1978 年 | 1980 年 | 1985 年 | 1991 年 |
| --- | --- | --- | --- | --- | --- | --- |
| 制造业总产值 | 100.00 | 100.00 | 100.00 | 100.00 | 100.00 | 100.00 |
| 重化工业总值 | 40.4 | 50.9 | 68.3 | 65.6 | 64.5 | 64.5 |
| 轻工业总产值 | 59.6 | 49.1 | 31.7 | 34.4 | 35.5 | 35.5 |

资料来源:按照前面的调整公式,根据相应年份《中国统计年鉴》中的相应数据计算。

参照其他国家的经验,考虑到影响我国工业增长和结构变动的一

些主要因素，在今后17年中，我国制造业产值中按国际口径计算的重化工业的比重和工业总产值按国内口径计算的重工业的比重还会进一步上升，但升幅不会太大。导致重化工业比重上升的主要原因是，居民对汽车、住房、通信工具等消费品需求的迅速增加和加快基础设施建设的迫切要求，必定会促进包括投资品和新型消费品在内的重化工业的发展。此外，从90年代初期开始，我国加工工业开始进入新的一轮设备与技术更新阶段，也将推动投资品工业的较快发展。如果按我国的口径计算，由于增长潜力很大的几种消费类重化工业产品计入轻工业，同时，重工业中采掘工业的增长速度要低于工业的平均增长速度，因此重工业所占的比重可能只有轻微的上升。我们预计，到20世纪末，按国际口径计算，我国制造业中重化工业所占的比重可能达到67%—69%，按我国口径计算，工业产值中，重工业的比重大约在53%—55%。

## 五、主导产业与多层面推进

"主导产业"是一个相对的概念。在有些国家的某些阶段，少数行业不仅本身在国民经济中所占比重较大、增长速度较快，而且对国民经济其他部门有明显的带动作用，如18世纪下半期英国的纺织工业、19世纪和20世纪某些年代中美国的铁路业、汽车工业和建筑业以及20世纪70年代以来日本的汽车工业等，这是人们讲"主导产业"时通常所指的含义。但是，在多数国家的多数时期，并不存在具有如此显著地位的少数行业或产品，如果一定要指出"主导产业"，只能发现有一些增长速度相对较快、对增长的贡献稍高于平均水平的产业存在。考虑到我国今后一二十年经济增长和结构变动将呈现出多种阶段特征并存的态势，少数几个行业的高速增长不可能解决我们面对的复杂问题，中国仍要靠多元化的结构变动和多种产业并行发展保持持续较高速度的增长。因此,对于我国今后经济增长中"主导产业"的问题,要做出切合实际的预期。我们的看法是,它们可能是一组对经济增长的贡献相对突出的行业。

在预测哪些行业可能成为主导产业时,需要考虑以下几个方面的因素:第一是其他国家工业化进程中表现出来的主导产业的演进规律;第二是我国结构问题的特殊性对结构变化方向的影响;第三是我国国情中一些特殊因素的影响。第四是我国目前结构状况下各个产业之间的关联度及其变动趋势。第一种因素的影响从总体上看,会导致加工工业的加速发展,尤其是附加价值高和技术含量高的加工工业的增长速度会更快。第二种因素的影响,是那些在工业化国家相同发展时期增长速度较慢甚至出现负增长的行业,由于在我国以往的发展中属于"欠账"的行业,仍有可能得到较快发展。第三种因素的影响,是我国增长较快行业的要素结构,可能呈现出在先进设备与工艺基础之上的劳动密集与深度加工倾向。第四种因素的影响,是帮助我们辨认那些在目前结构状态下具有较高产业关联度、对经济增长有较强感应力和带动力的行业。

根据投入产出表可以计算出各个产业的有关系数。我国1987年的投入产出表显示,工业与交通运输业内感应度系数和作用力系数均比较高的产业有:交通运输设备制造业、造纸及文教用品业、金属制品业、电子及通信设备制造业、化学工业等。[①]

我们认为,结合投入产出表的上述结果,从20世纪末人均收入水平、国内需求结构变动、国际市场需求取向以及可达到的生产技术水准看,电力工业、成套设备制造业、汽车工业、住宅建筑业、家电工业和微电子产业将成为20世纪末和21世纪前一二十年的主导产业。其他高

---

① 这部分内容参考了王远鸿等:"现阶段我国主导产业的选择",《中国工业经济》1992年第11期。

新技术产业对工业的带动作用逐渐加强,在稍后时期将上升为最重要的主导产业。下面对几个争议较大的行业作一些分析。

汽车工业成为主导产业的着眼点在于轿车生产和消费的快速增长。近些年出现的消费品市场比较疲软、消费增长相对较慢的事实表明,由现有消费结构决定的市场潜力有限(特别在城市),消费需求的增长需要消费结构的升级来带动,而最有可能进入消费者视野的新消费品便是轿车。在人均卡路里摄入量、人均纺织品占有量、人均住房面积、人均轿车保有量等指标中,中国与世界平均水平差距最大的是人均轿车保有量,因此是最有希望的工业品市场。

然而,目前汽车销售不旺,轿车生产能力已有闲置,怎么能够预期汽车成为支柱产业?同样的问题也存在于住宅建设行业。对这种现象的解释是,中国目前正处在个人消费从"千元级"商品向"10万元级"商品的过渡阶段,相对于80年代消费从"百元级"(如自行车、手表、收音机、黑白电视机等)向"千元级"(如彩电、冰箱、音响等)紧密、平稳的过渡相比,这次过渡跨度要大得多,因此需要几年的积蓄时期。在90年代,能够买、"养"得起轿车的个人数量将增加较快,主要是个体户中的富有者、"三资"和集体企业中的高薪者、文艺工作者中的高收入者和获得高额海外收入者。加上国家机关、企事业单位的公务用车、旅游和出租车的需求,轿车需求量的增长将是可观的。从21世纪初开始,轿车将开始进入城市中等收入家庭,在二三十年内,轿车的需求面可能扩大至多数农村居民家庭,到那时中国将拥有世界上最大的轿车市场。

作为支柱产业,汽车工业具有较高的产业关联度。以美国为例,汽车工业使用了美国25%的钢材、60%的橡胶、50%的锻铁、33%的锌、17%的铝。在商业中,汽车经销商行的收入占美国批发商业的17%和零售商业的24%。其次,汽车工业是技术进步速度最快的产业之一。据日本经济调查协会1966年对日本1952—1961年的技术进步率在各行的分布测算显示,运输机械部门的技术进步率名列第二。同时,汽车工业被称作"最大的技术储藏库",能有力地带动相关产业的技术进步和产品升级换代。最后,汽车工业可吸收较多的劳动就业者。在工业发达国家,汽车工业的直接和间接从业人员占就业职工总数的比重较大,日本约为十分之一,美国高达六分之一。在美国的许多高速公路上,每隔几十公里就出现一个小镇,镇上设有加油站、汽车修理店、汽车旅馆、各种饮食店、电影院、医疗门诊部、警察局,整个小镇的就业人员都是由于汽车应运而生的。

我国自80年代中期以来就强调加快汽车工业的发展,特别是增加轿车的生产能力。到1995年,上海大众20万辆桑塔纳生产能力、天津夏利15万辆能力、一汽大众捷达15万辆能力、东风神龙富康15万辆能力均已形成,成为达到或基本上达到大规模生产要求的四大轿车生产基地。此外,一汽还形成了3万辆奥迪、3万辆红旗的生产能力,北京吉普公司的6万辆切诺基项目已经完成,广州标致5万辆生产能力、长安奥拓5万辆能力和贵州云雀3万辆能力均已形成或基本形成。上述项目相加,我国轿车生产能力已经突破100万辆。按现在正在扩建的能力看,到20世纪末形成200万至250万辆的能力已成事实。进入21世纪后,随着大批居民收入达到可购买轿车的水平和道路、交通条件的改善,中国轿车年产量可望逐步达到四五百万辆以至更高的水平,在轿车工业带动下,相关的钢铁、塑料、橡胶、有色金属、电子仪表、石油化工部门也将获得长足发展。

建筑业是未来二三十年间的另一个重要的主导产业。80年代城乡居民居住条件改进较快,但城市居住紧张的情况并未有大的缓解,仍有相当数量的缺房户和无房户。按21世纪初城镇居民人均住房面积20平方米这个用目前发达国家标准衡量并不高的标准计算,从现在起需新建住宅近百亿平方米。农村居住面积一般要高于城镇,其新建住宅量至少不会低于城镇。因此,城乡住宅业发展所引起需求是极为可观的。推动住宅业发展的另一个因素是住宅质量的提高。除了建筑材料的更新和建筑设计的改进外,室内装潢和装饰将趋于复杂化和高档化。

住宅建筑业也是产业关联度很广的产业,在住宅建筑的成本构成中,物质消耗占70%左右,与50多个工业部门发生着联系,特别是建材工业、冶金工业、木材及木材加工业、金属冶炼及制品生产工业和化学工业,提供了建筑业四分之三以上的材料消耗。

改革开放以来,建筑业以高于国内生产总值的速度增长:1979到1995年,建筑业的年均增长率为10.9%,同期国内生产总值年均增长9.9%,进入90年代后,建筑业增长速度进一步加快,"八五"期间年均增长14.3%,同期国民生产总值的增长速度为11.9%。1978年,建筑业产值占国内生产总值的比重仅为3.8%,到1995年,这一份额已上升到目前的6.2%。[①] 随着建筑需求的增长,90年代中后期和21世纪前10年建筑业的产值份额还会上升。建筑业的迅速增长将为一大批相关产业提供巨大的市场,带动它们的相应发展。

家用电器制造业也将在一定程度上扮演主导产业的角色。改革以来新兴家电制造业是工业中增长最快的部分。由于城乡居民之间较大的收入差距,目前农村居民对这些家电产品的拥有率显著低于城镇居民,但人们普遍预计,随着农村人均收入的增长,90年代中后期农村居民对家电产品的需求将有较大的上升,由此带动现有家电制造业的再度繁荣。城镇居民对家电产品的需求也不能低估。一方面,已有家电的更新速度在加快。更新的原因往往不是已有产品不能再用了,而是追求新档次、新款式,家电产品这种换代的快节奏估计还会保持下去,由此而带动家电更新十分可观。另一方面,新一轮的家电产品,如组合

---

① 国家统计局:《中国统计摘要(1996)》,第2页、第3页表。

音响、家用电脑、家用空调器等正在成为城镇居民追逐的对象。90年代中后期和21世纪初,这些产品的需求量将稳步增长。同时,我们不妨作这样的设想:迄今为止所制造的家用电器,只是电子产品在家庭应用的开端。目前正在酝酿或已着手研制的能全面安排家庭生活的计算机系统,能从事家务劳动的机器人,能起到家庭教师、私人秘书和口头与文字翻译作用的个人用智能机,以及现在尚难想象的家用电子产品,都有可能在21世纪初期成为市场上的畅销货。因此,可以毫不夸张地说,家电制造业是最具潜力、足以长时期处于"朝阳"位置的产业之一。

不仅家用电器,微电子产业从总体上看也是一个极具潜力的主导产业部门。微电子产业的发展除了提供新一代消费品如家用电脑、家用机器人等之外,更重要的作用在于形成全新的、影响全局的信息产业和推动传统产业的技术改造。电子计算机及其他自动化控制设备、办公自动化设备、社会化网络信息设备等微电子产品对生产、生活各个方面进行渗透,以至于它们经常被视为现代社会的象征和未来社会发展趋势的主宰。如今中国在完成传统工业化的过程中,不可能重复那些较早完成传统工业化任务的国家的老路,而是要将微电子等一系列高新技术产品融合在其中,在广泛采用新产品新技术的基础上完成传统工业化阶段。现在我们新建铁路、新建大化工厂、新建发电厂、变电站、新建通信网等,无不广泛地采用微电子技术,而当英国、美国、德国等先行工业化国家完成其传统工业化任务时,并没有加进高新技术产业。这就是后起国家的"后发优势"。可以预计,在未来10多年以至更长的时期内,微电子产业将是最重要的支柱产业之一。

改造传统产业为新技术产业在可预见的将来提供了最广大的市场。尽管新技术产业对传统产业有着替代作用,如光缆通信线和设备将替代电缆通信线和设备,但在大多数场合,新技术产业和传统产业之间是叠加和并存的关系。所谓"叠加",是指新技术产业的产品与前所未有的市场需求相联系,或者说所面对需求结构中的最新部分,基本不会与传统产业的产品市场发生冲突。例如,人工智能机是一种全新产品,其大量投放市场不会威胁传统工业的产品。"并存"是指新技术产业产品与传统产业产品虽面对同一市场,但各有所长,谁也取代不了谁。例如,虽然可能出现各种具有优异性能的新材料,但钢铁作为最廉价、最常用的结构材料的地位在今后很长时期内大概是不会动摇的。

然而,叠加和并存不意味着新技术产业和传统产业间不发生日益密切的联系。在新技术之光的照耀下,传统产业或迟或早都将出现革命性的改造,以致传统产业这个概念只能在相对意义上理解。值得强调的是,这个趋势并非是写在纸上的预言,而已经是清楚体现在发达国家经济增长之中的事实。

据美国商务部的一份报告,1984 年美国制造业的投资比 1983 年增长 15.7%,这是 17 年以来增长最快的一年。这些投资大部分是用于对老厂的技术改造,重点是运用先进的电脑和机器人等新技术装备生产线。例如,通用汽车公司 1984 年用于技术改造的投资高达 25.5 亿美元,其中 5 亿美元用以建立由大型电脑控制的机车生产线。以前生产 1 吨重的 1 辆机车需要 16 天,而新生产线只需 16 小时。一些新兴企业更注重采用新技术,国际商业机器公司采用新技术后,把生产 1 台电脑的时间由 16 秒缩短到 7 秒。日本钢铁工业也是这股潮流的弄潮儿。在钢铁的生产和管理过程中,日本大力推广电脑等自动化技术。以新日铁所属的君津钢厂为例,生产中用电脑控制后,节省人力 3.5%,提高产量 84.7%,提高成品率 4.6%;在管理中应用电脑后,节省人力 42%,提高产量 36%,提高成品率 13%,压缩库存 2%。

由于中国长时期内技术进步缓慢,设备、工艺陈旧,利用高新技术改造传统产业所引起的收益将更加突出。改造既可能采取高新技术产业与传统产业间协作的方式,也可能采取在传统产业内建立高新技术的生长点,然后逐步渗透的方式。当然,在许多情况下,也可以是两种方式多种多样的组合。可以预计,由于高新技术对传统产业的"侵入",传统产业在不远的将来会发生一系列令人瞩目的变化,如电子技术推广促进机械-电子产品一体化;高效合金材料、稀土化合物、复合材料等新型材料获得广泛应用;通信卫星、光纤通信技术等使通信效率显著改善;生物技术在医药、食品等工业中的运用推动产品更新,等等。传统产业与发达国家的技术差距将会有所缩小。

如果说改造传统产业引起的巨大需求是新技术产业成长的第1根杠杆的话,第2根杠杆则是全新的、独立的新技术产业部门或行业的诞生与扩张。首先应纠正一种简单化的看法,即认为每种特定的新技术只能在特定的领域产业化,如生物技术只能在农业、医药、食品部门开花结果,电子技术只能在信息产业部门施展手脚。实际上,目前已经或在不久的将来达到实用化的新技术,如生物、超导、宇宙开发、电子、海洋开发、精密材料、光、原子能等技术,其应用范围大都横跨材料、能源、信息、农牧、机械、交通、建筑、医药、食品、军事等产业部门。如生物技术在这些产业部门的应用会产生生物材料产业、生物能源产业、生物信息产业、生物型农牧业、生物机械产业、生物医药食品产业等。与此同时,从产业部门的角度看,每个部门都可能由于应用多种新技术而伸展出多个分支,如能源部门将出现生物能源、宇宙能源、海洋能源、核能源与传统能源并存的格局。

新技术产业群与传统产业群相比将展现出极为不同的特点。工业生产由于生物技术、电子技术的作用而趋于生物化、信息化、智能化;工业的舞台将由陆地扩展到海洋和宇宙这两个更为广阔的空间;社会基础设施由于采用超导技术和传统的通信、电力输送方式的废弃而全面更新;工业部门间的界限更富有弹性,卫星通信、光纤通信的发展,高速磁悬浮列车、高速超导电磁推进船、超高速喷气飞机的使用,将使跨国界工业活动易如反掌,经济的地区化、全球化迅速加快。

在 90 年代中后期和 21 世纪初,由于受资金和技术条件的限制,我国只能有选择地发展新技术产业,最可能入选的是目前已初具基础的微电子技术、新材料技术、生物技术和原子能技术等。中国在这些领域已占据了若干制高点,如研制成功"银河"巨型计算机,在超导研究中处于领先地位,是世界上少数几个能生产核武器的国家,并将建成大型核电站,等等。可以预计,到 21 世纪初期,随着传统工业化过程的完成,新技术产业群将成为推动中国向发达经济更高层次发展的主导产业。

总之,中国工业的未来发展会有许多令人羡慕的机遇和得天独厚之处,不会平淡无奇,也不可能完全按部就班(尽管基本的发展阶段不能超越),而将充满创造和戏剧性变化。如果中国工业确实保持着较高的增长速度和显著的结构变化,其结果将改变整个世界的经济格局。中国的成功将再次验证不存在独一无二的工业化道路这样一个基本命题。它的经验自然可被其他国家分享,但许多经验或许只能是属于它自己的。到那时,极可能像"日本模式""韩国模式"一样,世界工业化经验的宝库中将赫然呈现着世人瞩目的"中国模式"。

# 第四章　产业组织演变趋势

在今后中国工业化过程中，大型企业和企业集团在我国工业增长和结构变动中的作用将显著增强。

由于相信充分竞争是保持经济增长最重要的条件，人们反对企业规模过大，因为巨型企业会造成垄断和扼杀竞争。然而，管理良好的大企业能够产生明显的规模经济效益，从而比小企业能产生较低的成本和较高的收益，因此，现代工业化国家往往是大企业主宰的社会。

在计划经济体制中，大企业总是占有主导地位，道理很简单，中央政府易于控制和有能力集中财力物力建设少数大项目。改革以来，中国产业组织变化的主要方向是中小企业的急剧增加和生产集中度的下降。这是由于自改革开放以来，不利于大规模生产和大企业发展的因素较为明显。

在今后中国工业化过程中，大型企业和企业集团在我国工业增长和结构变动中的作用将显著增强。与此同时，中小企业仍将持久地与大企业共存，从多方面发挥与大企业不同但互为补充、相互促进的作用。

## 一、生产分散与规模不经济

在中国，改革开放之前人们所看到的是与西方国家很不相同的工业企业组织结构图景。中国的大企业几乎都是国家所有，基本没有经历过从自由竞争到生产和资本集中的过程，显然，中国企业组织结构的形成和变动有其独特的历史背景。新中国成立初期，民族资本主要经营的是轻纺工业企业，虽然其中一些企业规模已相当可观，而且呈现了生产集中化、经营集团化的趋势，但总体上大企业的比重过低。"一五"时期，国家集中力量进行了以苏联援建的156项工程为主、由700多个投资限额以上的建设单位组成的工业建设，在钢铁、煤炭、石油、电力、化工、机械等部门形成了一批大型骨干企业，生产出了过去不能制造的飞机、汽车、大型精密工作母机、冶金设备、矿山机械、发电设备和精密仪器等。按当时的标准，这些企业都属于大型项目，正是这批大型项目的建成投产，初步形成了现代化的工业体系。

中国之所以能在工业基础很薄弱的条件下率先进行大型项目建设，除了新中国成立前轻工业已有所发展（当然远不足以支持大规模的重工业建设）、当时的国外封锁和国内尽快赶超发达国家的热切愿望都要求迅速建立完整的工业体系外，还有两个更基本的原因。首先，中国已经确立了高度集中的计划体制，这一体制可以一定程度上偏离居民消费需求，按照计划者的目标选择投资项目。然而，最重要的是，在这一体制下，能够运用国家的强制力量，通过纵向渠道，把几乎所有的经济剩余能力集中起来，投向国家认为重要的部门，尤其是列入国家计划的大型项目。这一点体现了高度集中计划体制的基本优势。其次，苏联等国的技术转让和技术援助，使这种战略成为可能。虽然落后国家可以不像工业先行国家那样先有技术创新再搞工业投资，但这种后发优势的获取不是无条件的。在当时西方国家对中国实行经济和技术封锁的条件下，苏联和东欧的社会主义国家成了中国获得先进技术的唯一来源。通过引进设备、工艺和技术资料，聘请专家，中国以很低的代价取得了建设大型项目必不可少的先进工业技术。

"一五"时期是人们经常乐道的经济发展"黄金时期"。一批构成当时工业基础的大型企业的崛起,是这一时期最重要的成就之一。许多年后,当中国工业规模已经若干倍地扩大了的时候,人们仍然发现,在工业乃至整个国民经济中起骨干作用的还是"一五"时期建设的那些大型企业。虽然高度集中的计划体制以后表现出了种种弊端,但当时却显示了难以替代的巨大优势。

然而,改革开放以来,中国工业发展中出现了企业规模趋小和生产趋于分散的问题。

以汽车这个规模经济很突出的行业为例。中国的汽车工业是在新中国成立以后才开始起步的,1953 年开始建设第一汽车制造厂,1956 年生产出中国第一台解放牌卡车,70 年代初中期又兴建了第二汽车制造厂。在这个过程中,地方也在大力兴建中小型汽车制造企业,实际上,中国汽车制造厂商众多的问题早在改革开放之前就已经存在。在 50 年代末期到 60 年代中期、70 年代中后期已有过两次生产企业增加较快的时期。进入 80 年代后,生产分散化的问题更加突出。中国汽车工业的发展如下面表 4-1 所示。

表 4-1 工业汽车产量和汽车生产企业的增长

|  | 1967 年 | 1980 年 | 1988 年 |
| --- | --- | --- | --- |
| 整车生产企业数(个) | 90 | 248 | 490 |
| 其中:专用车生产企业(个) | 68 | 192 | 347 |
| 汽车产量(万辆) | 2.04 | 22.2 | 64.5 |
| 每个企业平均产量(万辆) | 227 | 895 | 1316 |

资料来源:中国汽车工业公司《中国汽车工业年鉴(1983)》,机械工业出版社 1984 年版;中国汽车工业联合会《中国汽车工业年鉴(1988)》,机械工业出版社 1989 年版。

上表所示的中国汽车工业企业增加之快,数量之多,是其他国家汽车工业所罕见的。然而,1988 年汽车产量超过 10 万辆的企业仅有一汽、东风两家,大多数企业产量不足 1 万辆,有些甚至不足 1000 辆。据统计,中国的汽车生产企业数超过了美国、日本、西欧国家等世界主要汽车生产国汽车厂家数的总和，而中国的汽车年产量不及国外一个大型企业产量的一半。

其他部门，特别是80年代兴起的耐用消费品工业，规模不经济的问题也非常突出。洗衣机生产厂家最多时有近300家，到80年代末期仍有近100家；电冰箱生产厂家1990年仍有100多家，企业年均产量不足6万台。彩色电视机生产企业1990年有76家，装配线有113条，大多数年产量不到10万台。与此形成鲜明对比的是，1984年日本洗衣机产量528万台，整机生产厂家只有15家，日本松下、日立等6家公司生产的电冰箱占了全国产量的98.8%，韩国电视机生产量超过1000万台，整机生产企业只有6家。

除这些规模经济显著、投资量较大、技术水平要求较高的行业外，轻纺机械、冶金等行业生产分散化的趋势更为显著和广泛，以至于引起方方面面的深切关注。由于大批小企业建在农村，这种现象被形象地称为"村村办厂，镇镇冒烟"。对于所谓小烟酒、小钢铁、小棉纺、小毛纺、小水泥、小钟表、小机械等小型企业的批评，贯穿于从80年代初期以来的发展过程中。与生产组织小型化相对应，是大量的重复生产、重复建设问题。小企业的发展往往与大企业争原料、争市场，一方面是大批原有的大中型国有企业产品积压、原料不足、开工不足，生产能力闲置；另一方面却继续大批建设同类小企业。纺织工业自改革开放以来的经历很典型。"一五"建设时期，按"大分散、小集中"的原则在华北、西北新建了一批大中型棉纺厂，形成了若干纺织工业基地。自1981年以后，这些纺织基地中5万锭以上规模的大中型纺织厂多数日子很不好过，棉花供应不足，市场日益萎缩。其主要原因是，以往纺织工业基础较弱的地区大批兴建中小型棉纺厂，多数企业规模不足1万锭，尤其是棉花产区，纷纷建厂自用棉花，使产区之外大中型棉纺厂的传统原料供应减少甚至中断。

但是,下面我们将要指出,从市场经济的观点出发,中国工业发展中出现的企业规模小型化、生产分散化的趋势,有其必然性和很大程度的合理性,理由主要有三方面,第一,生产分散化的过程是利益再分配的过程,就中国的情况来说,实质上是让更多的人尤其是广大的农民参与工业化过程和分享工业化的成果;第二,在中国当前阶段,中小企业有多方面的竞争优势,生产分散化并不意味着效率损失。第三也是最重要的一点是,通过竞争,才会有真正产生在效率基础上的集中过程,这种集中过程才是有益的和可持续的。

## 二、共享工业化成果

中国以往的工业化过程是在城乡多少有些分隔的情况下进行的。工业建设主要集中在城市的大项目上,"城里人"能够参与这个过程和充分享用工业化的成果,而占人口主要部分的"农村人"相对较少分享日新月异的工业建设带来的收益。

改革开放之前,在中国中部产棉区的任何一个村庄中,当时的农业生产组织生产队按上级下达的种植计划安排农业生产,用相当好的土地种植棉花,虽然有一些农业机械如拖拉机,但主要的作业是人工进行的。农民们日出而作,日落而息,十分辛苦。有关抗旱、抗涝和抗病虫害的设施和设备极其简陋,几乎没有什么抗灾的能力。棉花收获之后,农民们按较低的价格将棉花缴售给政府有关物资部门,以便纺织工业能够得到廉价的原料,保证较高的利润率。相比较而言,纺织厂的职工们的境况要好得多。

棉花和棉花织成的纺织品还有一部分出口,出口是由总部设在北京的国营垄断性贸易公司进行的,那里职工们也和纺织厂的职工一样,享有国家职工和"城里人"的种种福利。由于从农民那里的收购价格低,出口有丰厚的利润。纺织厂的利润和出口的利润有一部分用来支付职工的薪金,一部分用于城市建设,更多的部分则进行新的工业项目建设,而外汇则主要用于进口工业建设所需的机器设备和原材料,这一切都促进了工业化的进展。然而,参与这一过程和分享其成果的主要是"城里人"。

这就是从参与和分享角度出发看到的以往中国工业化的轨迹。无论怎样评价这种工业化过程的优劣,从其收益的分配结果和吸收尽可能多的人参与现代化建设过程的效果看,这种工业化过程是不能令人满意的。正因为占人口80%的农民被基本上排斥在工业化过程之外,所以虽然工业产值在国民生产总值中的比重早已达到中等发达国家的水平,也不能认为中国的传统工业化过程已经完成。

城市与农村之间的这种巨大差距,为农村工业的发展提供了巨大的空间,只要传统的统购统销政策稍有松动,只要对农村企业的生存与发展网开一面,农村工业就不可避免地如雨后春笋般地迅速发展。还是上面那些产棉的村庄,只要他们能将棉花留下,自己建厂生产棉纺织品,其收益就远远高出卖棉花的收益。在开始时,也许由于规模小、生产技术低、设备陈旧落后、工人技术不熟练、管理水平低等原因,他们的产品与国有大中型纺织厂相比可能质量差,档次低,品种陈旧、花色单调,劳动生产率低,从而盈利率较低。但是,这些刚从田头走进工厂的农民以往的收入是那样低,现在得到比城里大纺织厂工人低得多的工资,他们仍然感到满意。企业也不必为他们提供诸如住房、子女入托、上学、医疗等许多非工资福利,不必承担大量离退休人员的支出。更重要的是这些工人没有"铁饭碗",工作态度认真,出工又出力,因此,农村纺织厂的生产成本要比城市大纺织厂低很多,从而具有明显的价格竞争优势。

中国农村工业的发展由于承担了吸纳农业剩余劳动力的重要作

用，还得到政府的支持和鼓励。家庭联产承包责任制的改革在农村获得成功，承包刺激提高了的劳动生产率，不仅增加了产量，也把过去隐蔽在农村的大量过剩劳动力问题暴露了出来。同时，尽管农产品价格涨幅较大，仍不足以消除工农业产品价格剪刀差。更基本的一个限制是，仅依靠农业无论如何难以大幅度提高庞大农村人口的收入水平。按照发展经济学揭示的一般规律，这时应当开始农业人口向工业和其他非农产业的转移。在多数国家，这种转移是通过农民进城实现的。然而，中国待转移的农业人口数量是任何国家都无法比拟的，而城市工业连城市本身的待业人口都无法完全吸收，城市过大引起的诸多弊端也已显露。因此，中国只能选择一条既遵循工业化过程中产业部门转换一般规律，又不同于多数国家产业空间分布经验的特殊道路，即在农村地区就近举办乡镇工业。

农村工业是在与国营工业很不相同的环境中产生和成长起来的。农村工业从国家那里得到的主要是许可或鼓励的政策，以及税收和贷款方面的某些优惠。在资金筹措、企业创办、原材料供应、产品销售、对外经济联系等方面，基本上没有国家计划系统介入。因此，乡镇工业天生就是市场导向的。在短短几年间，县、乡、镇、村、联户和个人举办的各种类型的农业工业企业应运而生，数量急剧增加，在工业产出中的比重迅速上升，最近两年已几近占据工业总产出的"半壁江山"。

从上面的分析可以看出，在中国工业企业规模小型化，即所谓"产业组织结构恶化"的背后，实际上进行着一次工业化从城市走向农村、从部分人参与和享用其成果转向大多数人参与和分享其成果的伟大变革过程，它是以往工业化所产生的利益格局的调整和重组。通过这个过程，以往中国工业化道路形成的巨大城乡差距才得以缩小，并且奠定了进一步缩小乃至消除差距的坚实基础。如果说这种分散化趋势在一定程度上降低了效率，这种损失也是纠正以往工业化偏差所必须付出的代价。从长期看,这是一种收益很高的付出。

不过,本节的分析有些偏重于"公平""人道""共享"这些非经济的方面,只指出了农村工业化在这些方面的积极作用。但是,市场经济是一种竞争的经济,一种企业组织形态如果不具有效率方面的竞争优势而只具有收入分配方面的效应,是不可能在市场竞争中取胜并迅速扩大其影响的。那么,远远达不到经济规模的农村中小企业是如何在与国有大企业的竞争过程中占据优势的呢?

## 三、适者生存

在一般经济理论中,对大企业的偏爱是认为大企业能够从事大规模的生产经营活动,因而可以采用大型高效设备,单个产品可以分摊较少的固定费用,设计人员、工程师和工人可以从事专业化很强的工作,新产品、新技术开发能力强等。因此,大企业能够低成本地进行生产并有较强的创新能力。在中国,大企业受到特别的关注,还在于其"国有企业"的身份。

然而,企业规模大并不一定带来明显的竞争优势。企业竞争力的强弱最终要综合地反映在其效率指标上,而不仅仅是由设备和技术特点决定的生产成本指标。毫无疑问,在许多行业中,较大规模的生产可以使单个产品的生产成本较低。但是,追求较大的生产规模要付出其他方面的代价:企业规模大使建设阶段筹资困难,建设周期及投资回收期长,外部配套条件要求高、运输距离延长等;建少数大企业比建较多的小企业动员的经济主体少;大企业内部管理层次多,激励机制减弱,会影响管理效率等。这些因素都会冲减、抵消甚至超过规模经济带来的收益。

在80年代的中国,不利于大规模生产和大企业发展的因素较为明显。第一，消费"热点"的变化集中而迅速，在短期内形成消费高潮，而大企业的供给反应能力较差，形成较大的供求缺口。因此，在这种状况下形成的生产能力能获得很高的盈利率。此后随着需求趋于饱和，大量生产能力的陆续形成，利润率急剧下降。这种盈利状况随时间变化的幅度之剧烈，使建设周期长短或新生产能力的形成速度成为若干影响投资回收率因素中最重要的一项。因此，中小企业虽然从生产技术上看未达到"最佳规模"，但它们能在高利润时期迅速形成生产能力，足以抵消规模不经济的损失。相反，筹划、建设周期长的大项目处在不利的地位。自改革开放以来，依次出现的诸多"热点"消费品，如自行车、手表、收录机、黑白电视、电风扇、彩电、洗衣机、电冰箱等，莫不是在两三年的时间内就形成高潮并迅速达到饱和点。在这短短的几年内，政府拟定的较大规模的"定点"企业有时还来不及大批量生产，市场状况就已经开始逆转。

第二，在以往较长的一段时期内，中小型项目多数由地方和企业筹划和自筹资金建设，它们处在市场经济环境中，有讲求效率的压力和动力，在建设和生产中具有较高的效率，可以冲减其规模不经济的不利影响。相反，大项目在筹划、建设和管理上受政府干预较多，一个项目的筹建就可能要盖几十个甚至上百个图章，费时费力，运作起来十分困难。加上历史上形成的冗员、社会负担重、离退休人员负担重、缺乏激励机制和内部管理效率较低等问题，有可能冲减甚至抵消规模经济的益处。

第三，我国尚未形成统一的资金市场和融资机制，不同类型企业的融资渠道不同，即使控制中小企业的发展，它们所筹集占用的投资也不会大量转向大型项目。换言之，大项目不能迅速地建成和扩张，主要是它们本身机制方面存在的缺陷所致，而不是因为中小企业"占用"了建设资金。

在这 15 年的发展过程中,政府曾经有过数次以抑制乡镇企业发展来保国有大中型企业这个"重点"的尝试,结果都是抑制了乡镇企业这个富有活力部分的发展,并且引起了诸多经济和社会问题,而国有企业的困境却未因此而好转。

第四,城乡劳动者不同的工资水平,尤其在非工资福利待遇方面有显著的差距,这样就使那些以农村劳动力为主体的乡镇企业在工资成本方面比大型国有企业有着明显的竞争优势。

从前些年"规模不经济"问题比较突出的行业看,有相当一部分其实是经济规模要求不高的行业和产品,至少在现阶段的中国是如此,即大企业和小企业的生产成本相差不多。例如家用电器行业,我国较早时期形成的生产能力,都是关键零部件引进后进行组装的生产企业,规模经济并不显著。中国产业经济技术研究联合会组织的研究表明,我国电冰箱生产分别达到年产 13.5 万台、20 万台和 40 万台三种规模时,从工艺设备的角度测算,单台生产成本差额最多不过 10 元,只占电冰箱生产成本 0.5%—1.5%。也就是说,年生产能力上 10 万台之后,不同规模企业生产成本的差异并不显著。同一研究还表明,从工程费用、其他费用、生产成本、销售收入、投资回收期、生产灵活性、内部管理效率等几个方面考虑,棉纺厂的最佳经济规模不是 10 万锭以上的大型纺织厂,也不是 5 万—10 万锭的中型纺织厂,而是 2 万—3 万锭的小型纺织厂。[①]

有相当一部分产品,企业规模大小不但对其成本没有明显的影响,而且对产品质量也可能没有明显影响。尤其是关键部件靠引进或从国内专业厂购进的生产企业,生产规模不一定直接明显地影响产品质量。我国彩电、冰箱、洗衣机等家电产品,从 1990 年开始,质检合格率都达

---

[①] 参见中国产业经济技术研究联合会等:《中国工业产品经济规模》,企业管理出版社 1992 年版。

90%以上,彩电质量检验评比,出现过60多个牌号的产品全部获一等奖的情况,冰箱、洗衣机中获金牌、银牌的产品占绝大部分。这些产品质量已基本过关的评价不仅是质量检验"评比"出来的,而且也得到消费者的认可。但是,同样是质量可靠的产品,不同厂家的生产规模有很大的差异,说明规模与质量并无直接关系。

大量小企业存在、生产分散化和重复建设重复生产等问题带来的后果之一,是当"热点"产品的消费高潮过后和少数竞争力强的企业扩大其市场占有率之后,相当一部分企业和设备要被淘汰。对这种现象一概称为"浪费"是不恰当的。从市场经济的角度讲,一个项目成功与否的最终评价,不应看若干年之后其设备是否在继续使用还是闲置、报废,而要看其在生产过程结束后是否能够收回全部投资并达到社会平均盈利水平。从这个评价标准出发,我国重复建设项目中有相当一部分是合理的。例如据中国家电协会提供的资料,我国洗衣机行业在旺销的1985—1988年,大多数企业的年平均资金利润率在30%以上,一半左右的企业在40%以上,至少有4家企业在50%以上。[①]这样看来,多数洗衣机厂家3—5年的时间就能收回投资并有可观的盈利,收不回投资的只有少数厂家。电视机、冰箱等行业的情况也大体类似。从市场经济的观点讲,似乎不应简单地讲这些行业存在着严重的"浪费"问题。相反,如果抑制这些小企业的发展,只集中建设几个大型项目,可能引起更多的问题。一方面,靠中央政府审批项目,会抑制众多投资者的投资意愿,拖延增加供给的时间,使需求急剧增加时产量长期上不去,竞争环境形不成,成本和价格降不下来,产品质量、档次和技术水平得不到改善。这种状况虽然没有设备闲置问题,但其低效率问题和对生产消费的抑制作用,造成的是更大的浪费和发展机会的丧失,

---

① 中国家用电器协会:《中国洗衣机行业的10年》,内部资料,1992年。

例如大量进口商品很可能抢先占领相当一部分国内市场。

总之,在我国现实的体制环境和发展阶段中,许多行业和产品的效率和竞争力受规模经济的影响并不显著,相比之下,动员的经济主体的多寡和它们的积极性、筹资渠道、建设速度、内部管理效率、工资成本等因素有更明显的作用。因此,企业倾向于选择中小规模项目有其合理性,不应一概地认为企业行为不合理,"目光短浅、急功近利"等。这种现象的必然性可以从中国的外商投资企业的行为中得到证明。在轿车、电梯、通信器材等规模经济效应比较显著行业中的外商投资企业,在来华投资长达 10 年之后,仍未达到从工艺设备要求应具备的最佳经济规模,有些企业在设计时就数倍低于最小经济规模。如果不是这种不规模的企业对投资者来说最有利可图,就无法解释这些企业的行为。

国外早有经济学家对那种纯粹从工艺设备角度出发测算最佳经济规模的方法表示异议,并提出若干新的思路或方法。例如美国著名的经济学家施蒂格勒就曾提出过"生存法"来判断最优经济规模的问题。这种方法是按规模将企业划分为若干组别,比较各个组别在行业中份额的变化,如果某个组别所占的份额上升,就说明在当时的条件下,这个组别的效率较高,竞争力强;如果份额下降,则说明其效率较低。这种方法显然包含了比工艺设备所决定的经济规模更多的因素。[①] 如果用这种方法考察我国问题,在许多行业中能看到按"生存法"确定的经济规模远远低于按工艺设备效率所测算的经济规模。

提出上述观点不是说我国不存在生产分散化和规模不经济的问题。我们想说明的是,企业小型化、规模不经济问题在中国如此突出,是受产业发展阶段、消费特征和体制等方面因素的影响,有一定的必然性。随着上述因素的改变,某些行业中的生产集中过程已经开始,单个

---

① 〔美〕G. J. 施蒂格勒:《产业组织和政府管制》,潘振民译,生活·读书·新知三联书店上海分店 1989 年版。

企业的生产规模趋增,大企业的主导作用在中国已初露端倪。这种现象的出现是市场竞争的结果,而不是政府规划、号召的结果。如果在较早时期就以规模经济为由,只允许建设由政府规划的大项目,其结果可能更不理想。

下面一节我们以电冰箱行业的发展为例,对我国改革开放以来产业组织的演变状况做一案例分析。

## 四、电冰箱行业的启示

### 1. 电冰箱行业发展概述

80年代初期以来,电冰箱行业是我国扩张速度最快的行业之一,是生产组织变动最为明显的行业之一,也是因"重复建设、重复引进"问题而引起诸多争议的行业之一。电冰箱行业产业组织的演变过程很有典型意义,能够揭示中国改革开放以来产业组织状况受工业发展一般规律和受中国体制特征双重影响所发生的变化和发展趋势。[1]

改革开放以来,中国的电冰箱行业得到了突飞猛进的发展,其产量和产值变化如下面表4-2所示。

表4-2　电冰箱行业的产量

（万台）

|  | 1978年 | 1980年 | 1983年 | 1985年 | 1988年 | 1990年 | 1993年 | 1995年 |
|---|---|---|---|---|---|---|---|---|
| 产量 | 2.80 | 4.90 | 18.85 | 144.81 | 757.63 | 463.06 | 596.66 | 929.56 |

资料来源:国家统计局《中国统计摘要(1996)》。

电冰箱行业的发展可以按时间分成三个阶段。

---

[1] 靳双良先生为本研究提供了较多的数据和情况。此外,有一部分数据取自相应年份的《中国轻工业年鉴》《中国经济年鉴》和《中国工业经济年鉴》,本节中凡引自上述文献的数据在正文中不再加注。

1979—1983年为第一个阶段。这一阶段是我国电冰箱行业打基础的时期,较多新企业和一些从其他行业转产的企业开始进入电冰箱行业,到1983年底,电冰箱的产量已由1978年的2.8万台增加为18.85万台,生产企业由20个增加到70多个,还有许多企业正在准备上电冰箱生产线。电冰箱行业进一步发展的基础已经具备。

1984—1988年为第二个阶段,这一阶段是中国电冰箱行业发展最快的时期,电冰箱的产量从1983年底的18.85万台增加到1988年底的757.63万台,生产企业增加到100多个。这一时期,有51家企业从13个国家26个生产厂家引进了60多条生产线,电冰箱的生产能力已达年产1500万台。

1989年至今为第三个阶段。在这一阶段中,电冰箱行业几乎没有新的企业进入,并有一些企业从这个行业中退出,总的生产规模不再继续扩张,年产量从下降转向基本稳定,生产向名牌产品和名牌企业集中的趋势明显。电冰箱开始大量出口,1995年,出口达98万台。

在电冰箱产量和产值大幅度增长的过程中,电冰箱生产厂家出现了由少到多再相对减少的变动轨迹,1978年,生产厂家为20个,1985年达到115个,1986年以后减少了一些,1988年又达到100多个,1993年后减为大约70个。

最近16年中,电冰箱行业的产值增长高于整个工业和整个轻工业的增长速度。1980年,全国家用电器工业的总产值(轻工系统,下同)只有8.6亿元,1985年达59.4亿元,1990年达148.4亿元,1992年达209.2亿元,年均增长速度高达30%,占同期轻工业产值的0.9%、3.8%、5%和5.5%。其中电冰箱的增长速度更快,1985年,电冰箱的产值为6.6亿元,1990年为54.3亿元,1992年为69.4亿元,分别占同期家用电器工业总产值的11.2%、36.6%和33.1%。

电冰箱的花色品种不断增加。1978年,电冰箱只有200升单门温控直冷式一个型号规格,目前,电冰箱的品种繁多,双门式已占主导地位,双门抽屉式、三门三温式、组合配套式、分离式等新型电冰箱已成为购买者的主要对象。

电冰箱的生产技术普遍提高,产品质量稳定可靠。80年代中期,我国从国外引进了几十条电冰箱生产线和主要零部件如压缩机、电机、温控器、离合器等生产线,使我国的电冰箱生产技术达到了国际80年代中后期的水平。现在电冰箱的国产化率已经较高,压缩机的国产配套率已达85%以上,而且很快可望进一步提高。目前我国电冰箱主要生产企业的主导产品的质量都已达到或接近国际同类产品的水平。

电冰箱等家用电器行业的发展为人民生活水平的提高做出了贡献。1980年,我国电冰箱的家庭普及率几乎为零;1983年,城镇家庭电冰箱普及率只有0.51%,农村家庭普及率为0.005%;1993年,城镇家庭普及率为55.9%,其中一些大城市已近100%,农村家庭普及率为2.2%。

在大体描述近10多年来电冰箱行业的基本情况和发展变化后,我们所关心的问题是:电冰箱生产的快速扩张是如何实现的?生产的集中过程是如何进行的,究竟哪些因素在这个过程中发挥了显著作用?

**2. 电冰箱生产的高速增长及推动因素**

我国电冰箱行业的迅速发展,主要受市场机制的引导,电冰箱行业的规模扩张、生产集中度的变化、生产技术和产品质量的提高等,都是利益引导和竞争压力双重作用的结果。

从80年代初期到1989年以前,电冰箱一直是国内消费的热点。供给能力不能满足需求。特别是80年代初中期,较大的供求缺口形成了对投资者的强烈诱惑。

许多工业部门、地方政府和企业热衷于发展电冰箱生产,有以下几个方面的原因。首先,在较长时间内,电冰箱行业是高利润行业,据国家计委 1987 年组织的市场调查统计,电冰箱的出厂价一般为其成本的 130%,有些企业高达 190%,而销售税金占销售收入的比例不足 5%,远远低于全国工业企业的平均水平。这种明显的高收益必然会使地方政府和企业动心。第二,电冰箱等家用电器作为新型高档消费品,被认为是产业结构升级的标志,很为地方政府所看重。第三,由于中国交通运输不便,地方的电冰箱企业在占领本地市场时有较多的便利条件。

地方和企业不仅有发展电冰箱行业的愿望,而且有相应的能力。改革开放以后,地方政府和企业有了较强的筹资能力,为避开中央政府的控制提供了条件。这一点可以从电冰箱基本建设和更新改造资金的来源得到证实。如下面表 4-3 所示,无论是基本建设还是更新改造,投资的主要来源都是银行贷款和企业自筹,因此地方和企业有能力自己决策和实施。特别引人注意的是,在 1989 年的投资中,基本建设部分企业自筹占大部分,而在更新改造资金中,银行贷款占主要部分。这是由于政府对家电行业的技术改造采取支持态度,因此企业以更新改造为名扩大规模,较易得到政府的支持。

表 4-3　电冰箱行业基本建设和更新改造的资金来源

(万元)

|  | 基本建设 |  | 更新改造 |  |
|---|---|---|---|---|
|  | 1983 年 | 1989 年 | 1983 年 | 1989 年 |
| 投资总额 | 2358 | 10057 | 315 | 18205 |
| 　其中:国家投资 | — | 377 | 94 | — |
| 银行贷款 | 1800 | 302 | 101 | 13798 |
| 企业自筹 | 145 | 9300 | 120 | 2285 |
| 利用外资 | 413 | — | — | 1821 |
| 其他 | — | 78 | — | 121 |

资料来源:相应年份的《轻工业统计年报》。

在改革开放的较早时期,电冰箱行业的发展也受到政府的支持。

70年代末期到80年代初期,政府制定了一系列政策,鼓励当时的"长线行业"进行改组和转产,主要方向是鼓励重工业和国防工业向轻纺工业转产,称为"通过资产存量的调整增加轻纺工业产品"。当时大批生产投资类机电产品和军品的企业转向生产消费类机电产品,两者之间设备、技术的通用性较强,转产比较容易,消费类机电产品的生产增长很快。

然而到80年代初期,由于已经生产和准备生产电冰箱的企业已超过40个,中央政府对电冰箱行业的政策由鼓励转变为控制,但政策效果不明显。

政府对电冰箱行业发展速度的控制,在80年代初期就已经开始着手进行。1980年,当时的轻工业部制定了家用电器发展的初步规划,其中电冰箱生产选定北京、广州、苏州、天津、上海5个定点厂,形成年产200万台的能力。此外,还考虑在其他地区再建9个年产10万—20万台的中小型厂,形成年产120万台的生产能力,两者相加,电冰箱行业的规划总规模为320万台。1982年,国务院在《关于严格控制固定资产投资规模的补充规定》中明确规定,电冰箱是要进行控制的行业之一,这是中央政府首次明确提出要对电冰箱行业的发展进行控制。具体手段有项目审批、政府选择定点厂等。

但是,上述政策并没能产生明显效果,地方政府和企业对进入电冰箱行业的积极性仍然很高。到1984年底,全国生产和试制电冰箱的厂点已增加到116个,已对外签订的合同和正在洽谈的引进项目有56项,引进规模为1350万台。鉴于这种状况,轻工业部于1984年底向国家计委和国家经委写了紧急报告,国家计委、国家经委于1985年1月发出了《关于采取紧急措施、严格控制盲目引进电冰箱生产线的通知》,并委托轻工业部于同年3月召开全国电冰箱工作会议,研究确定对电冰箱厂点进行调整、整顿的方案、措施和政策。

1985年6月，国务院批转了国家计委、国家经委、轻工业部《关于加强电冰箱行业管理、控制盲目引进的报告》，这个报告提出了控制电冰箱行业生产规模的一些具体指标：

（1）严格控制厂点建设，将电冰箱生产厂从116个减少到41个，引进规模从1350万台减少到822万台，而且近一两年决不允许上新点。并准备实行生产许可证制度。

（2）严格执行引进项目审批制度，引进项目由轻工业部负责协调，其中500万美元以上的项目由国家计委审批，500万美元以下的由轻工业部会同企业主管部门或地方审批，批准后由经贸部发给进口许可证，没有进口许可证的，海关一律不许进口，银行一律不给人民币和外汇贷款。

（3）所有电冰箱企业都必须照章纳税，任何部门和地区都不许随意减免。

（4）发展专业化协作，促进跨地区跨部门的联合，要以名牌产品为龙头，打破部门地区界线。

（5）由轻工业部归口加强行业管理。

1985年7月，国务院又批转了国家经委《关于控制重复引进制止多头对外的报告》，将电冰箱和洗衣机、空调器列为第一批"暂停进口和引进生产线"的项目。

实际上，政府这些政策的作用很有限。虽然1985年确定了41家企业为国家定点生产电冰箱的企业，并明确规定不许上新的冰箱厂，但各地仍然在继续上新项目。到1988年，全国的电冰箱厂家又多达100多家，其中仅浙江省就有30多家。有51家电冰箱厂从13个国家26个生产厂家引进了60多条生产线，电冰箱的生产能力已达1500万台。在这个过程中，有关部门不断地发文件和做出规定，三令五申不许盲目发展，但几乎没有起到实际作用。

政府产业政策失效的原因,是缺乏有效的控制手段。

项目审批制度在管理上实行分级审批的原则,各级政府的审批权限以建设规模予以划分。建设项目有"限额以上"和"限额以下"项目之分,"限额以上"的项目需要报国家计委批准,"限额以下"的项目由地方计委批准。但是,地方有许多避开中央政府约束的方法,如将大项目"化整为零"、低估项目成本、以技改名义搞基建等。在80年代中期,省级项目审批权定在投资额1000万元以下的项目,因此,在1984年已签订的42个电冰箱引进项目中,投资在1000万元以下的就占24个,这些项目的规模都在5万—10万台,离年产20万台的最小经济规模相差甚远。

至于各种"通知""决定",对地方政府和企业的约束力更低。这类政策手段对政府行政系统的行为和能力有较多要求,要求其能够认真执行上级命令,能够对有悖于产业政策的行为进行有效的约束和惩罚性处置。然而,政府的这类控制能力较弱,"有令不行,有禁不止"是一种很普遍的现象。1985—1988年新出现的几十户电冰箱生产企业,没有一家经过国务院授权的主管部门轻工业部的审批。

从80年代末期开始,以往冰箱行业作为投资热点的状况有了根本变化,90年代以后没有新建设的冰箱厂,电冰箱行业进入了一个新的调整时期。

电冰箱行业新进入行为基本停止,是以往强烈利益刺激减弱的必然结果。经过80年代中期的急剧扩张之后,电冰箱行业生产能力过剩、竞争异常激烈的局面已成定局。90年代初期,电冰箱行业已经形成的生产能力有一半左右闲置,电冰箱企业的状况大致上是三分之一效益好,三分之一尚可维持,三分之一处于亏损状况,而且形成了一批实力雄厚的名牌企业和名牌产品。在这种环境中,地方和企业建设新的电冰箱厂的动机基本消失。

### 3. 竞争推动的集中过程

在80年代中期,对电冰箱行业最多的批评之一,是项目过多,单个项目规模过小,导致规模不经济问题和生产集中度的明显下降。

1982年,全国电冰箱产量10万台,产量排在前四位的是北京电冰箱总厂、广州电冰箱厂、上海电冰箱厂和苏州电冰箱厂。这排名前四位的企业产量合计7.44万台,生产集中度高达74.5%(CR4=74.5%)。

1985年,全国电冰箱产量144.81万台,产量排在前四位的是广州万宝电器工业公司、北京电冰箱厂、上海电冰箱厂和苏州电冰箱厂。四厂产量合计为57.1万台,生产集中度为39.4%(CR4=39.4%)。

1988年是我国电冰箱产量最多的一年,在757.63万台的总产量中,前四位的生产集中度为29.0%(CR4=29.0%)。[①]

可以看出,在80年代,我国电冰箱产业的生产集中度确实在明显下降。但是,以此为根据,认为我国电冰箱行业的企业趋于小型化或生产趋于分散化都是不恰当的。实际上,在80年代,电冰箱行业中主要企业的规模扩张一直在进行:

1982年,虽然生产集中度很高,但居前四位的企业的平均年产量只有1.86万台;

1985年,居前四位的企业的平均年产量已达14.3万台;

1988年,虽然生产集中度明显下降,但位居前四位的企业的平均年产量已升至55万台,远远超过电冰箱企业年产20万台的最低经济规模。就是按1988年存在的114家电冰箱企业为基数,电冰箱企业的平均年产量也已达6.65万台,数倍于1982年企业平均产量只有1.86万台的水平。

---

① 除了1988年的数据转引自王慧炯、陈小洪有关书籍,其余各项数据都是笔者根据具体资料计算出来的。

因此，只计算生产集中度，就认为我国企业存在着生产分散化问题，至少是不全面的。引起中国前些年生产集中度下降的主要原因，不是单个企业的生产规模趋小，而是生产总量的急剧扩张。

从80年代末期开始，我国电冰箱行业的生产集中过程开始加速进行，这是市场竞争的结果。到80年代末期，随着大量生产能力的形成和消费增长趋于平缓，我国电冰箱行业开始进入激烈竞争时期，非价格竞争因素的作用日益明显，如产品质量、品种更换能力、多媒介大范围的广告宣传能力、快速周到的售后服务网络等。特别是名牌企业和名牌产品的优势很明显。中小企业在这种竞争中往往处在不利地位。由于竞争态势的上述变化，我国电冰箱产销开始呈现出以往几年求之而不得的集中趋势。

从90年代初期开始，虽然由于一些产品长期滞销的企业难以退出，而使电冰箱生产企业的数目没有明显减少（1992年仍有72家电冰箱厂存在），但相当一部分产品实际上已经从市场上退出。据工商银行全国电冰箱信息网的统计，1993年上市的电冰箱牌号有40个，到1994年，上市的电冰箱牌号只有30个。也就是说，在我国，生产和销售的集中程度要快于生产能力的集中程度。

1994年，全国电冰箱产量为764.53万台，产量排在前四位的广东科龙电器股份有限公司的产量为90.96万台，合肥美菱股份有限公司的产量为69.07万台，海尔集团公司为62.50万台，扬子电气集团为62.37万台。四个企业产量之和已达284.9万台，前四位企业的生产集中度为37.3（CR4=37.3%），前四位企业的年平均产量已达71.15万台。[①]

### 4. 理论与政策含义探讨

电冰箱行业是论证我国加工工业存在盲目发展问题时经常列举的

---

① "中国家电协会公布1994年主要家电产品产量排名"，《经济日报》1995年2月12日。

"典型案例",对这个结论有重新讨论的必要。

在市场经济中,凡是经济高速增长阶段,生产能力的急剧扩张和生产集中度的下降是必然的,一些经济学家对此作过分析。[①] 也能被其他国家的经验所证明。

国内的分析者经常以其他国家的大规模生产为例,指出我国加工业分散问题的严重性,尤其多举汽车行业的状况为例。实际上,20 世纪 20 年代,美国有 40 多家制造厂,德国有 50 多家,经过多年的竞争之后,才形成三五家实力雄厚的大公司。日本在高速增长的 60 年代,企业投资汽车和摩托车行业的积极性很高,政府制定了一些控制目标,但并没有能够控制住这股投资热潮,到 60 年代中期,日本生产汽车和摩托车的企业达到 20 多家,目前的三大汽车厂格局是经过多年的竞争而形成的。

一旦某种产品的消费需求具有大量同步到来的特点,必然会引起较多的投资者进入这个行业。中国电冰箱行业的情况就属于这类情形。国内消费者对家用电器的消费需求出现得迅速而集中。尽管电冰箱行业发展很快,但直到 1989 年,电冰箱一直是供不应求的产品,投资的回报较高。因此,企业具有投资热情是必然的。

"重复生产、重复建设"并不等于说投资效益不好。在 80 年代初中期建设的电冰箱企业,大多数 3—5 年的时间就能收回投资并有可观的盈利,收不回投资的只有少数厂家。就连最常被人们批评的 9 家企业同时从意大利梅洛尼公司引进 9 条年产 10 万台电冰箱生产线的现象,也并不能认定是"盲目"的行为,其中在 1987 年底前投产的 8 条生产线,在那几年的购买高潮中,都全部收回了投资。用市场经济的观念

---

① 日本学者马场正雄曾经对日本的情况进行过分析,并进行了理论说明。杨治先生曾对其主要结论作过概述,见杨治:《产业经济学导论》,中国人民大学出版社 1985 年版,第 148 页。

看，它们都是成功的项目，似乎不应简单地讲电冰箱行业存在着严重的"浪费"问题。

电冰箱行业发展中存在的"原有的生产能力尚未充分利用、又在大量上新生产线"的问题，也不能一概否定。这种行为之所以存在，是因为有可观的投资回报率，是因为消费者接受这种现象。消费者希望产品有差异和愿意接受为形成差异而需付出的成本，例如同类产品在外观、式样或其他方面稍加改进，哪怕价格高一些（这时价格较高可看作为达到产品多样化而放弃大规模单一产品生产的结果），消费者也情愿接受。现实情况是，大多数消费者不是等待单门、小容量电冰箱的使用价值消耗完即"用坏了"才更换新冰箱。消费者的这种选择行为，使生产者在原有设备尚未充分使用之前就更换新设备，并在新、老产品之间形成较大的利润率差异。

如果没有如此大量的投资，消费者对电冰箱的需求就不能及时得到满足，消费的推迟也是福利损失。同时，国内大量需求中的一部分，会通过购买进口电冰箱来满足。企业竞争策略中，有很重要的一步，叫作"抢先填满市场需求"，尤其是一些耐用消费品，即使抢先占领市场的产品不是最好的，但由于产品的更新有一个周期，因此首先进入就争取了时间，取得了收益，打出了牌号，为今后扩大规模和上档次创造了基础。我国电冰箱行业和其他家用电器行业都做到了这一点，这是中国企业在一些竞争力不如国外的行业中与国外企业进行的一场较量，我国企业取得了成功。如果不是迅速地抢占了市场，进口电冰箱会很快占有较大的市场份额，在这种状况下，国内企业会失去发展机会。

大量企业并存和生产能力明显过剩，迫使企业之间进行激烈竞争。近10多年来，家用电器行业是我国工业中竞争最激烈的行业之一。自80年代末期以来，电冰箱行业新产品、新品种层出不穷，一些主要厂家的主导产品年年翻新，价格低于国外同类产品，质量已达到国外同类产品的水平,服务质量已经明显好于国外企业在我国国内的服务质量。目前我国电冰箱市场已基本上是国内企业的天下,年进口电冰箱只有数万台。可以说,电冰箱行业是我国近些年才开始发展起来的新行业中,少数对"复关"后同类进口商品冲击有抵抗能力的行业之一。这种状况主要应归功于竞争。

我国电冰箱行业目前存在的生产能力过剩和生产企业较多等问题的主要原因,不是在消费高潮时期进入企业过多,而是在消费高潮过后,竞争力差的企业不能退出和淘汰。这是另一类问题,是与我国企业退出障碍较强相联系的。因此,如何减少无竞争力企业的退出障碍,应该是我国产业政策的重要内容,后面第九章将讨论这个问题。

## 五、大企业主导时期

从80年代末期的紧缩时期开始,大中型企业和企业集团在我国工业增长和结构变动中的作用显著增强。前面一节分析的电冰行业就是典型行业之一,在其他规模经济显著的行业中,这种趋势也同样存在并且仍在发展。

以机械工业为例。1988年,全国机械行业还没有一家企业销售额超过100亿元;到1994年,已有3家企业年销售额超过200亿元。1994年,百家最大企业销售收入之和为2133亿元,比1983年增长了31.5%,实现利税290.5亿元,比上年增长了68.9%。到1995年,全国机械行业已有12家企业的销售额超过100亿元。[①]

以"散""乱"出名的汽车工业,同样出现了明显的集中趋势。

---

① 1994年的情况引自:"1994年度中国机械工业百家最大工业企业",中国机械工业年鉴编辑委员会《中国机械工业年鉴(1995)》,机械工业出版社1995年版;1995年的情况引自程远:"机械工业调整迫在眉睫",《经济日报》1996年6月6日。

1994年,汽车工业有24家企业进入机械行业100强,这24家的销售收入占到汽车行业销售收入总额的96.4%,比1993年的86.4%上升了10个百分点。其中上海汽车工业总公司、中国第一汽车集团和东风汽车公司三家企业的销售收入已占到汽车行业销售总收入的54%,比1993年增加了3个百分点。[①]

即使在乡镇企业中,生产的集中趋势和大企业的主导作用也显著增强。以乡镇企业最发达的江苏省为例,在江苏省的乡镇企业中,按照国家划分标准认定的大中型企业,1990年为67个,1994年增加到502个,另外还有500家以上已达到标准而没有审报的大中型企业,实际上江苏大中型乡镇企业已逾千家。这些大中型乡镇企业1995年实现的产值已占全省乡镇企业产值的1/3以上。这些大中型乡镇企业有以下一些特点:一是初步实现了从劳动密集型向资本密集型、技术密集型的转变,具有80年代和90年代初期技术装备水平的已达60%以上;二是这些企业的外向型程度较高,出口交货值超过4000万元人民币以上的企业有430家;三是新产品开发率较高,每年由大中型乡镇企业开发的新产品占全省乡镇企业新产品总数的50%以上。[②]

导致集中过程和大企业主导作用出现的原因主要有两方面,一是随着工业化进程的推进,经济发展达到新的水平,市场竞争日趋激烈,大企业的竞争优势逐步显现。二是体制改革的逐步深化也推动着大企业主导地位的形成,这里重点分析第二种因素的影响。

首先,谋求减少交易风险的各种企业联合将获得长足发展。在传统计划体制下,企业间的供销活动由政府协调和保障,企业只管生产就行了。当改革使直接行政协调大幅度缩减后,按照通常的看法,应由市

---

[①] "1994年度中国机械工业百家最大工业企业",中国机械工业年鉴编辑委员会《中国机械工业年鉴(1995)》。

[②] 许宝键、汪欣:"江苏乡镇企业向规模化发展",《经济日报》1995年8月21日。

场协调填补这个空当。但西方交易费用经济学则认为,能够取代政府行政协调的不仅是市场,还有松紧程度不等的各种企业联合形式,其目的是减少交易过程的风险和费用。近年的企业联合中,许多联合就是在原有的计划配给渠道中断后,为谋求建立新的长期、稳定的原料供应和产品销售渠道而引发的。这样的联合活动不仅发生在同一区域的企业之间,而且发生在东部沿海地区的加工企业与中西部地区的原材料生产企业之间。可以预计,随着指令性计划的进一步减少和企业自主权的进一步扩大,这种形式的企业联合活动还将获得更大发展。

其次,股份制的试点和逐步推广将为企业间的紧密联合提供有效机制。股份制既是一种融资形式,又是一种企业制度。对已有企业的联合来说,股份制是迄今最为合适的制度框架。由于股份制是依据股份多少决定所有者的权力、责任、收益以及所承担的风险的,所以能在资产联合经营的情况下合理而有效地调动有关各方的积极性。中国虽然目前股份制尚处在试点阶段,但借助股份制促进企业联合已成为其中最活跃的一个方面。运用股份制组织企业联合的形式多种多样。可以根据实际需要,分别进行资产一体化、控股、持股等,相应形成核心层、紧密层、关联层等多种联合关系。毋庸置疑,股份制不仅会对生产和资本的集中化提供强有力的刺激,而且将成为大企业和企业集团最普遍采用的组织形式。

大企业开始在中国工业发展中扮演主角这一新时期的到来,符合其他市场经济国家工业化的一般规律。在资本主义发展的早期,当时规模较大的企业,按照今天的标准只能算是中小企业。众多的中小企业出现在市场上,都是价格的接受者,而不能操纵市场、左右价格。于是,出现了一个"自由竞争"的时代。由于竞争的后果是优胜劣汰,在一些企业销声匿迹的同时,另一些企业则蒸蒸日上。这样,自由竞争走向了它的反面——生产的集中和垄断。1857年,德国成立了最早的垄断联合组织卡特尔，即生产同类产品的企业在划分销售市场、制定商品价格等方面通过协议而形成的契约式垄断销售联合体。之后，在德国又出现了辛迪加，即同行企业通过签订产品销售和原材料采购协定而建立的供销联合组织。1882年，美国出现了世界上第1个托拉斯，即由若干生产同类产品或生产上有密切联系的企业通过合并组成为一个大公司。托拉斯在美国发展迅速，到1889年，所有托拉斯企业的工业品产量已占全国产量的三分之二，使美国赢得了"托拉斯王国"的称号。到20世纪初，美国各主要工业部门都已为一二个或几个托拉斯所垄断，出现了汽车大王福特、石油大王洛克菲勒、钢铁大王摩根等工业和金融巨头。20世纪20年代，在托拉斯的基础上，一种新的组织——康采恩集团又在德国出现，其特点是以一家或几家巨型企业为核心，通过持股、控股方式把许多企业联合在一起，成为以资本为纽带的企业联合体。康采恩往往横跨数十个部门，包括了工业企业、运输公司、商业公司、银行、保险公司、房地产业和服务业等行业。与此同时，跨国公司也发展起来。最早形成的是英荷壳牌石油跨国公司，随后美孚石油和福特汽车等跨国公司相继出现。两次世界大战之间，跨国公司的数目和规模都有了相当发展。二战以后，跨国公司数量急剧增加，不仅发达国家搞，发展中国家也参加了进来。

尽管人们经常把大企业等同于垄断，而垄断又被认为如同瘟疫一样可憎又可怕，以至于许多国家制定了明确的反垄断法律，如1890年美国著名的《谢尔曼反托拉斯法》，但大企业仍不可阻挡地成长起来。这一现象显示了经济规律的内在力量，并向人们提出忠告：大企业并不是哪个工业巨头个人意志的产物，其出现和发展有经济上的合理性和必然性。

从其他国家的经验和我国的趋势看，大企业和企业集团发展将会对我国未来10多年的工业化进程产生若干重要影响。

第一,引导产业资本和银行资本的融合。一方面银行资本直接介入产业经营,加强了对产业资本的控制和监督;另一方面产业资本借助银行资本的力量获得融通资金等方便条件。产业资本和金融资本的结合是市场经济发展到一定程度必然出现的现象。要促使我国支柱产业中出现一批世界级的大企业和名牌产品,产业资本和金融资本的结合是必然途径,这种结合能够为大企业的成长提供长期、及时和稳定的资金来源。更为重要的是,这种结合将为企业通过兼并、合并、收购等方式迅速扩张提供金融中介。在市场经济中,企业规模的迅速扩张主要不是通过企业自身的积累、而是通过企业间的重新组合实现的,如果这条途径通畅,生产的集中过程和企业规模的扩张过程会明显加快。

第二,经营多元化。其最大好处是分散经营风险。在经济活动的不确定性日益增加的情况下,这一优势愈显重要。多种经营既包括经营同一行业的不同产品,如苏州"香雪海"电冰箱、"长城"电扇、"春花"吸尘器等一批名牌产品生产厂家共同组成斯加电器集团,也包括经营不同部门和行业的产品,如首钢目前横跨钢铁、机械制造、电子、建筑安装、矿业、船运、旅游、服装、食品加工等15个行业。

第三,独立开发技术的能力显著增强。大企业和企业集团不仅拥有较强的技术力量,而且往往拥有从科研、开发、设计到制造、推销的完整体系。此外,它们由于资金雄厚,能够承担开发新产品所冒的风险。为了发挥这些优势,增强在市场上的竞争能力,大企业和企业集团将非常强调独立开发有自己特色的新产品。

第四,增强国际竞争力和从事跨国经营。目前许多大企业和企业集团有着较高的外向比率,有的还发展到在海外投资办厂,并且把占领国内和国际两个市场当作长期目标。由于中国对外开放政策的不可逆转和更广泛、深入地参与国际分工,中国将来一方面会形成一批高质量的主要面对国际市场的外向型企业集团,另一方面,国内各行业内举足轻重的企业集团都会不同程度地参与跨国经营，它们中间将涌现出若干与"东芝""福特""大众""西门子"等齐名的跨国公司。

需要特别强调的是，大企业的形成过程应该是市场导向的集中过程。以往政府部门是通过限制新企业的进入和以行政手段来组建企业集团的形式，促进支柱产业中骨干企业规模扩大和集中过程。实践证明，这种政策的作用是很有限的。今后应该着重发挥市场机制推动集中过程的作用。这个过程所需的微观条件已基本形成，目前即使在各个支柱产业中，企业也已处在激烈的市场竞争之中，通过扩大企业规模、降低成本和采用先进技术，是一些优势企业增强竞争力的内在要求。在这个过程中，优势企业得到扩张，劣势企业被淘汰，推动着在效率基础上的生产集中过程。这正是我国过去几年真正有效地实现了在效益与质量基础上的集中过程的行业的情形。

当我国完成全部工业化任务时，很可能形成数百个乃至上千个以大企业为核心的企业集团，在它们的基础上，会进一步演变出为数不多的超大型财团。这些财团对经济生活全局往往会产生决定性影响，因而也就成为国家推行产业政策时进行"窗口指导"的对象。

## 六、中小企业的广阔空间

当大企业在中国经济发展和结构转变中开始扮演更加重要角色的同时，小企业的命运会怎样呢？

小企业仍将持久地与大企业共存，从多方面发挥着与大企业不同、但互为补充、相互促进的作用。这是"大企业主宰"的工业化国家的共同现象，由于中国国情的特殊性，这种现象在中国会更加显著和产生更重要的影响。主要原因有以下几方面：

第一，在专业化分工的基础上，小企业将与大企业建立起更加广泛和紧密的协作关系。这是工业化达到一定阶段必定要出现的趋势,中国的发展阶段和体制状况都在推动着这种趋势的形成和发展。与美国通用汽车公司有协作关系的小企业约有4.5万家。日本汽车零部件生产按多次承包关系分为一次承包企业、二次承包企业和三次承包企业。一般一个汽车总装厂零部件的一次承包企业有百余家,二次达上千家,三次则达上万家。中国目前大、中、小企业间的问题主要不在孰多孰少,而在关系的不合理。因此,一场企业间关系的重新整合运动势在必行。

日本大、中、小企业的关系很可能与中国未来的企业组织结构较为近似。在由丰田、松下、东芝等超级大公司领导经济潮流的日本,70年代中小企业产品的出厂额占制造业产品出厂额的一半以上,在衣、食、住中,分别有80%、90%和30%以上是由中小企业提供的。虽然中小企业现代化程度低,在附加价值生产率、设备投资率、工资和贷款条件等方面均与大企业有不同程度的差距,多次陷入经济萧条和不断出现倒闭,但它们的数量一直在增加,所发挥的作用也是大企业所无法替代的。这就是日本所谓的"双层结构"问题。

企业规模的"双层结构"也将可能成为中国工业今后很长一个时期发展中的重要问题,而且会比日本表现得更加突出。日本历史上遗留下来大量的中小企业,其中多数是传统手工业的直接继承者。据调查,在95个遍布中小企业的产业中,81个早在明治时期就已存在。中国由传统手工业作坊延续下来的小企业并不多,但经过"大跃进""文革"和80年代三次小企业的扩张浪潮,1989年小企业已达790多万个。这是中日两国出现"双重结构"问题的共有原因。

第二,小企业能吸收更多的劳动力就业。在传统工业化任务完成以前,就业结构中农业份额下降始终是对工业的一个巨大压力,工业企业组织类型的选择必须十分强调发展劳动密集的企业类型。此外,从中国劳动力多的实际出发,发展劳动密集企业不仅有利于解决就业问题,也是形成国际贸易比较优势的需要。小企业的一个重要特征是劳动密集,据计算,大型工业企业人均占有固定资产净值4.4万元,小型工业企业人均占有固定资产净值只有1.3万元,也就是说,同样的资金投入,小企业可以比大企业多吸收2倍以上的人就业。[1] 如果说发展大企业的目标是提高效率,发展小企业就应该更多地着眼于安排就业。这样一种分工不仅有利于矫正业已存在的就业结构和产值结构的偏差,从资源优化配置的角度说也是合理的。因此,今后就业和发挥比较优势的双重需要将把小企业数量维持在较高水平,在小企业内部,处于劳动密集型行业的小企业可能发展得更快。

第三,小企业能够更多地利用地方资源。大企业通常使用的是大宗资源,对量少、分散的资源要么不便利用,要么利用时容易发生规模不经济的问题。而小企业比较适合利用后一类资源。中国幅员辽阔,适宜小企业开发的资源种类繁多,分布很广。在大企业主要利用大宗资源的同时,小企业利用量少、分散的资源,如农副土特产品加工、小水电、小煤炭、小建材、工艺品制作等方面,都是极有潜力的,并可能收到意想不到的效果。尤其是缺少资金、技术、基础设施不足的农村和经济落后地区,率先发展利用当地资源的小企业,可能成为打破原有的贫困循环、启动商品经济流程的有效步骤。

第四,生产高新技术产品的小企业逐渐增多,小企业的技术结构趋向高度化。随着工业化的推进,作为新一代技术和经济基础的高新技术产业,在某些领域确实没有必要采取集中化方式。例如,能够利用计算机终端设备作业的行业,其雇员可以足不出户,在所谓的"电子家庭"内工作,并通过先进的通信网络,使其工作成为一个组织严密的社会化分工体系中的一部分。新技术为传统集中生产方式分散为小单位

---

[1] 根据国家统计局工业交通统计司:《中国工业经济统计年鉴(1994)》,中国统计出版社1995年版,第120页、126页的表计算。

生产方式提供了可能性，而且在新技术革命的推动下出现的新产业中，有些行业如某些微电子行业，在技术上就适合于小规模生产，人们甚至设想，即便是汽车工业这个大规模生产的代表行业，也可能不再建造一个像现在那样上千人在一个屋顶下工作的工厂，它可以分成很多小单位——三四百人一个，新的技术已允许这样做了。看来当经济发展到了某个阶段，出现一个小企业的复兴浪潮不是没有可能的。在这样的浪潮中，小企业就不会再是大企业的配角，而成为担负技术和制度创新使命的开拓者。在美国加州的硅谷、日本的筑波科学城、中国北京的中关村这些高新技术开发区内，企业基本上是小型的，人数多则数百人，少则几人、十几人。可以预计，随着新技术产业的扩展，高新技术的小企业将与日俱增。当21世纪新技术产业占据主导产业位置以后，高新技术小企业可能在全部小企业中占有相当大的份额。人们将会发现，小企业不再是技术落后、设备和工艺陈旧、劳动力素质差的同义语，也不再仅仅是大企业的配角，而独立担当起了技术和制度创新的神圣职责。

# 第五章 工业化中的区域问题

在21世纪初期,随着一系列基本条件的变化,如东部增长潜力的减小,中西部地区商品经济发展环境的逐渐成熟和产业基础的积累,东、中、西部间的差距将开始逐步缩小。

中国是一个幅员辽阔、区域间自然条件和发展水平差异较大的国家,因此,与大多数国家相比,工业化中的区域布局问题比较突出。在以往计划经济时期,这种差异呈现出缩小的趋势,然而自80年代初期以来,又呈现出扩大的趋势。今后中国工业发展的区域结构问题已经引起愈来愈多的关注,因为迄今为止,市场机制并没有显示出促进区域差距缩小的作用。

在许多国家工业化过程中出现过的区域间平衡发展还是不平衡发展更有利于整体工业化推进的争论,在中国工业化进程中始终存在,而且争论日趋激烈。政府的政策无疑将是兼顾效率与公平,但其他因素也将对工业布局产生重要影响。在多种因素共同引导下,20世纪之内,东部沿海地区的工业增长仍将快于中西部,进入21世纪之后,中西部的工业化过程将会加速,并逐渐取代东部成为推动全国工业发展的主要力量。

## 一、工业区域布局的演变

新中国成立前,中国的工业布局很不合理,重工业主要集中在东北的辽宁地区,轻纺工业主要集中在上海、天津、青岛、广州等少数沿海城市。占国土面积85%左右的广大内地,除武汉、重庆等几个城市外,几乎没有什么现代工业。表5-1是1952年沿海与内地工业的比重。

表5-1　新中国成立初期我国工业的区域分布(1952年)

| | 全国 绝对数 | 全国 占全国比重(%) | 沿海 绝对数 | 沿海 占全国比重(%) | 内地 绝对数 | 内地 占全国比重(%) |
|---|---|---|---|---|---|---|
| 工业固定资产原值(亿元) | 149 | 100.0 | 107 | 72.0 | 42 | 28.0 |
| 职工人数(万人) | 510 | 100.0 | 309 | 60.5 | 201 | 39.5 |
| 工业总产值(亿元) | 343 | 100.0 | 238 | 69.4 | 105 | 30.6 |

资料来源:国家统计局工业交通物资统计司《中国工业的发展统计资料(1949—1984)》,第51页表。

50年代到70年代,区域平衡发展的思想在工业布局中起主导地位,并通过中央计划控制的投资得以贯彻。"一五"建设时期,多数骨干项目摆在了中西部,在60年代中期到70年代中期的"三线"建设中,国家又先后在"三线"地区投入2000多亿元资金,形成了以国防工业为重点,以交通、煤炭、电力、钢铁、有色金属工业为基础,机械、电子、化学工业相配合,门类比较齐全的工业体系。三线建设虽然有利于增强内地的经济实力,平衡沿海和内地的工业布局,但是多数项目效率低下,投资收益差,实际上延缓了总体经济发展的进程。表5-2是80年代初期我国工业的区域分布情况。

表5-2　80年代初期我国工业的区域分布(1983年)

| | 全国 绝对数 | 全国 占全国比重(%) | 沿海 绝对数 | 沿海 占全国比重(%) | 内地 绝对数 | 内地 占全国比重(%) |
|---|---|---|---|---|---|---|
| 工业固定资产原值(亿元) | 4768 | 100.0 | 2060 | 43.2 | 2708 | 56.8 |
| 职工人数(万人) | 3553 | 100.0 | 1667 | 46.9 | 1886 | 53.1 |
| 工业总产值(亿元) | 6165 | 100.0 | 3668 | 59.5 | 2497 | 40.5 |

资料来源:同表5-1。

进入80年代以后,以提高投资收益为目的区域不平衡发展战略又占据主导地位。尽管在过去30年强调内地优先发展,但就劳动生产率、资金收益率、人均收入水平等指标看,东部仍然居于优势地位。

从表5-2可以看出,虽然内地工业固定资产原值和职工人数都要高于沿海地区,但是工业总产值却低于沿海地区。这也就是说,就每单位固定资产原值产生的工业总产值和每名职工生产的工业总产值而言,沿海地区都明显高于西部地区。

为了解决以往多年投资收益率低和劳动生产率低下的问题,"六五"计划和"七五"计划都明确提出要加快东部地区的发展。《国民经济和社会发展第七个五年计划》明确将全国划分为东部、中部和西部三大地带,提出"要加速东部沿海地带的发展,同时把能源、原材料建设的重点放到中部,并积极做好进一步开发西部地带的准备"。此后,对我国工业区域布局问题的分析大都使用东、中、西部的分类方法。[①] 表5-3是自80年代初期以来工业生产区域分布的变化。

表5-3 东、中、西部工业总产值及其比重

| 年份 | 东部地带 工业总产值(亿元) | 占全国比重(%) | 中部地带 工业总产值(亿元) | 占全国比重(%) | 西部地带 工业总产值(亿元) | 占全国比重(%) |
|---|---|---|---|---|---|---|
| 1980 | 3070 | 61.5 | 1302 | 26.1 | 620 | 12.4 |
| 1985 | 4985 | 60.4 | 2221 | 26.9 | 1054 | 12.8 |
| 1990 | 12540 | 60.7 | 5424 | 26.3 | 2688 | 13.2 |
| 1994 | 51540 | 67.0 | 17380 | 22.6 | 7990 | 10.4 |

资料来源:1980至1990年的数据引自国家统计局工业交通统计司《中国工业经济统计年鉴(1991)》中第171页表格中的数据;1994年的数据根据国家统计局工业交通统计司《中国工业经济统计年鉴(1995)》(中国统计出版社1996年版)中第87页的有关数据计算。

---

① 东、中、西部的划分方法如下:
东部地带包括12个省区市:辽宁、河北、天津、北京、山东、江苏、上海、浙江、福建、广东、广西、海南;
中部地区包括9个省区:黑龙江、吉林、内蒙古、山西、河南、安徽、湖北、湖南、江西;
西部地区包括9个省区:陕西、宁夏、甘肃、青海、新疆、四川、云南、贵州、西藏。

工业化水平不同和增长差距的拉大,对各个区域的人均收入水平有明显影响。表5-4是三大地带人均收入的差距。

表5-4 三大经济地带人均国民收入及变化

(元)

|  | 1952年 | 1965年 | 1980年 | 1985年 | 1990年 |
|---|---|---|---|---|---|
| 全国 | 99 | 186 | 387 | 695 | 1279 |
| 沿海 | 118 | 213 | 497 | 897 | 1650 |
| 中部 | 96 | 173 | 335 | 600 | 1082 |
| 西部 | 67 | 152 | 272 | 478 | 915 |

注:按当年价格计算。
资料来源:魏后凯《区域经济发展的新格局》,云南人民出版社1995年版。

对比表5-1、表5-2和表5-4可以看出,自50年代以来,以固定资产原值所表示的内地工业基础有了长足发展,相比之下,内地工业产值在全国工业产值中的份额也有明显上升,但幅度小于工业固定资产的份额变化。收入相对水平的变化最小,内地与沿海地区的差距并没有明显缩小。表5-4显示,1952年,沿海地区的人均国民收入为中部地区的123%,为西部地区的176%;1980年,上述差距扩大为148%和183%,1990年差距同样明显,分别为152%和180%。

影响东部工业增长速度相对较快和中西部速度相对较慢的原因主要有以下几点:

第一,投资份额的变化。如果说在计划经济时期,中西部较低的投资收益和劳动生产率没有影响较大比例的资金投向中西部,那么在改革以后,追求高回报率的资金就大量投向东部,使全国固定资产投资中投向东部的份额持续上升。

表5-5是改革开放以来东、中、西部全民所有制单位固定资产投资的地区分布。

表 5-5　全民所有制单位固定资产投资的地区分配

（%）

| 年份 | 东部 | 中部 | 西部 |
| --- | --- | --- | --- |
| 1981 | 47.3 | 28.5 | 17.9 |
| 1985 | 48.5 | 27.3 | 16.7 |
| 1990 | 52.8 | 24.9 | 16.5 |
| 1995 | 62.7 | 21.2 | 12.3 |

注：1995年数为全社会固定资产投资。
资料来源：1981、1985和1990年数据转引自魏后凯《区域经济发展的新格局》第99页表4.8；1995年的数据引自国家统计局《中华人民共和国1995年国民经济和社会发展统计公报》。

第二，对外开放程度不同。70年代末期以来我国的对外开放的格局强有力地促进了东部沿海地区的加速发展。对外开放形成了经济特区——沿海开放城市——沿海经济开放区——内地这样由外及内的梯度，东南沿海地区受益明显优于中、西部地区。与对外开放上的梯度相对应，国家在建设项目的审批权限、税收政策、外汇留成和使用、外贸政策等各方面，给予了开放度较大的东部地区许多优惠政策，反过来又使东部地区在吸引外资方面具有更大的吸引力。表5-6是"八五"期间外商直接投资的区域分布。

表 5-6　外商直接投资（实际利用额）的区域分布

（%）

| 年份 | 东部地区 | 中部地区 | 西部地区 |
| --- | --- | --- | --- |
| 1991 | 92.5 | 4.5 | 3.0 |
| 1992 | 91.3 | 6.8 | 1.9 |
| 1993 | 87.4 | 8.9 | 3.7 |
| 1994 | 87.8 | 7.9 | 4.3 |
| 1995年1—6月 | 90.4 | 7.5 | 2.1 |

资料来源：引自李海舰"外商投资企业的发展与政府政策的调整"，中国社会科学院工业经济研究所《中国工业发展报告（1996）》，经济管理出版社1996年版，表19.6。

三个地带经济增长与进出口的关系也有显著差异。据计算，1994

年,东部地带经济增长对进出口的依存度(进出口占国民生产总值的比重)高达68.5%,中部和西部分别为11.4%和11.8%。[①]

第三,劳动生产率不同。东、中、西部劳动生产率递减的现象,一方面是由各地带产业结构不同造成的:东部的产业结构以轻工业和高附加值的机电工业为主,中西部产业构成中,重工业特别是采掘业和原材料工业的比重较高。但另一方面,即使在同一行业中,东、中、西部的劳动生产率仍然依次递减。例如,1990年,同样是纺织工业,沿海地区的人均产值明显高于内地,广东纺织行业的全员劳动生产率为每人每年创产值25130元,江苏为24107元,浙江为23473元,上海为21736元,相比之下,青海仅为8274元,宁夏为9079元,甘肃为9822元,四川为9992元,贵州为8410元。[②]

第四,非国有经济的发展速度不同。改革开放以来,中国工业化过程中最活跃的因素是乡镇企业和外商投资企业,这两种所有制工业的增长率远远高于整个工业的平均增长率。

但在不同地区,乡镇企业和外商投资企业的发展速度和对工业产值的贡献份额有显著差异。中西部非国有经济发展相对缓慢,影响了这两个地带的工业发展速度,如表5-7所示。

表5-7 各种类型企业在工业产值中所占的比重(1994年)

(%)

|  | 全国 | 东部 | 中部 | 西部 |
| --- | --- | --- | --- | --- |
| 国有企业 | 49.1 | 40.2 | 64.8 | 69.1 |
| 集体企业 | 31.4 | 34.5 | 26.5 | 23.0 |
| 外商投资企业 | 12.5 | 17.3 | 3.6 | 2.2 |
| 其他 | 7.1 | 8.0 | 5.1 | 5.7 |

资料来源:周民良"区域差异演变与成因",中国社会科学院工业经济研究所《中国工业发展报告(1996)》,表10-4。

---

① 数据引自周民良:"区域差异演变与成因",中国社会科学院工业经济研究所《中国工业发展报告(1996)》。

② 国家统计局工业交通统计司《中国工业经济统计年鉴(1991)》,第216页表。

上面的分析表明,中国工业化中的地区差异受许多因素影响。东部地区的优势到底有多少来自它自身有利的区位和自然条件,多少来自政策优势,多少来自自身努力,就成了一个很难辨清的问题。事实是,无论怎样划分这三类因素的权重,自然优势、政策优势和自身努力的叠加,使过去10多年中,东部与中、西部之间的差距拉得更大。

## 二、未来变化的影响因素

从工业化的一般规律看,中国所处的工业化阶段是一个差异趋于扩大还是趋于缩小的阶段呢?

1965年,美国经济学家威廉姆逊发表了《区域不平衡和国家发展过程:一个描述模式》的著名论文,根据世界24个国家的截面与时间序列资料,对区域经济增长的趋势做了系统的实证分析。

威廉姆逊指出随着国家经济的发展,区域间增长差异呈现出倒"U"形的变化,即在经济发展的初期阶段,随着经济增长,区域差异逐渐扩大,进而在一段时间内保持稳定。当经济进入成熟阶段后,区域差异会随着经济增长而逐渐缩小。这就是著名的威廉姆逊收入趋同假说。[①] 虽然一些国别研究发现,有些国家的变动趋势不完全符合威氏的假说,但从总体上看,二战以后发达国家的区域差异趋于缩小,发展中国家的差异趋于扩大,表明威氏的假说仍有一定的参考价值。

接下来的问题就是,中国目前处在上述发展的哪个阶段,区域不平衡将会继续扩大,保持稳定还是趋于缩小呢?

首先让我们看看其他国家的经验。国内有学者对一些发达国家区域收入差异由扩大变为缩小的临界点进行了考察,见表5-8。

---

[①] J. G. Williamson, "Regional Inequality and the Process of National Development," *Economic Development and Cultural Change*, July, 1965.

表 5-8　部分国家区域差异由扩大变为缩小的临界点

| 国家 | 年份 | 人均GDP或GNP（美元，当年价） |
| --- | --- | --- |
| 瑞典 | 1944 | 780 |
| 美国 | 1930 | 654 |
| 加拿大 | 1940 | 870 |
| 意大利 | 1970 | 1026 |
| 法国 | 1958 | 1315 |

资料来源：引自魏后凯《区域经济发展的新格局》第 68 页表中的数据。

1995 年，中国的人均收入水平已达 570 美元，按照本书第三章的分析，到 2010 年前，人均收入将超过 2100 美元。显然，按经济发展的一般规律判断，无论按低线（654）还是高线（1315），中国在这个时期的某个阶段应该进入收入差距由扩大转入缩小的时期。

不过，其他国家的经验只能供参考，我国区域发展的趋势还要受到已有经济格局、未来产业结构变化趋势和政府区域政策的影响。然而，在 20 世纪末之前，这几项因素并不明显有利于缩小区域差距。

我国经济发展的已有格局在中短期内有利于东部发展。目前东部的基础设施、产业基础、在建项目、技术人才等经济发展的要素都明显优于中西部。仅以外商直接投资为例，"八五"期间近 90% 的外商直接投资在东部地区，尤其在"八五"后 3 年，集中进入了一批大项目，这些项目的建设周期在 2 至 3 年以上，也就是说，在"九五"期间，即使新的外商项目较多地投入中、西部，在短期内也难以在产出方面发挥显著作用。而东部地区仅靠以往进入的大量外商投资企业的陆续投产，就能带动工业的较快增长。

未来产业结构变化的趋势也不明显有利于中西部。据我们在第三章中的分析，未来 10 多年轻、重工业将保持大致相等的增长速度，而且重工业的增长中，更多的份额要来自机械、电子、汽车等高附加值的行业，这些产业正是东部和部分中部地区的优势。中部和西部的"优势项"

如原材料等基础产业的增长速度不会太快,而且受国内外需求增长较慢的约束,一些大宗原材料的增长速度有可能慢于"八五"的速度。

政府区域政策将会向促进中西部发展的方向转变,但操作力度会受到限制。在社会总投资中,无论是作为投资的预算内资金所占的份额,还是中央政府能够决策或有重要影响力的"中央项目"所占的份额,都在持续下降。1995 年,预算内资金在基本建设投资额中所占的比重仅为 6%,在更新改造资金中所占的比重仅为 3.6%;中央所属项目使用资金在基本建设投资额中和更新改造资金中所占的份额分别仅为 40% 和 33%。[①] 因此,政策力度必然会受到限制。

总之,从国际经验和我国的实际情况看,从目前的投资取向、产业取向和政策取向判断,中西部加速发展和缩小地区发展水平差异的临界点似乎尚未达到。指出这个事实的目的是,如果确实认为需要在较短的时间内缩小区域差异,目前的政策力度差距甚大。

## 三、区域发展趋势展望

在 20 世纪 90 年代和 21 世纪初,中国工业化中的区域布局会有哪些变化?总的趋势是,东部沿海地区仍以轻纺、机械和电子工业为主,适当发展某些能源和原材料工业,通过"外引内联",积极参与国际市场竞争,率先推动产业结构的高度化,高技术、高附加价值产品比重稳步上升;中部和近西部地区重点发展能源和原材料工业,轻纺工业和机电工业也将有长足增长,在有条件的地区还会兴起一批新技术产业,资源产区的初级产品加工度显著提高;远西部地区在加强资源勘查的同时,能源、原材料资源的开发规模逐步扩大,并相应发展起一批初级产

---

[①] 国家统计局:《中国统计摘要(1996)》,第 33、34 和 36 页。

品加工业。

东部沿海地带仍然是中国工业活力最强、实力最雄厚的地区。作为对外开放的门户，这一地带工业将保持全国最高的外向度。沿海和近海的大城市在改造、振兴老工业基地的同时，积极促进产业结构的高度化，并继续发挥轴心作用，有力带动相邻地区的经济增长。

以沈阳、大连等城市为中心，包括辽宁、吉林、黑龙江和内蒙古东部在内的东北经济区，是全国最重要的钢铁等原材料工业基地和机械工业基地。但是，自90年代初期以来，由于产业结构老化、部分矿产区资源枯竭、沿海新工业区的竞争等问题，相当一部分老工业区困境日趋突出。在今后一个时期内，在保持原有特色的情况下，老工业基地的更新改造、升级换代将成为这一地区工业发展的主旋律，一批名牌、短线、能替代进口和出口创汇的新产品将陆续涌现。大庆、辽河等油田开采范围有所扩大，内蒙古东部将建成几个大型煤矿。另一方面，适应改造传统产业的需要，东北三省在汽车、微电子、生物工程、光纤材料、大型设备自动化等新技术产业上也会有所作为，有些方面可望在全国占据领先地位。

以北京、天津为中心的京津经济区，拥有位居全国政治文化、国际交流、交通运输网络中心、智力资源丰富、工业门类齐全且基础较好等有利条件。京津两市工业主要向技术密集方向发展，将逐步形成以电子工业为先导，食品、汽车、海洋化工、石油化工为重点，包括机械、轻工、纺织服装等行业的工业结构，同时将成为微电子、新型材料、生物工程等新技术的开发中心。河北省东部和局部的铁、煤、海盐等资源也会得到重点开采。

由上海带动、以沪宁杭一带构成腹地，波及安徽、江西的上海经济区，是目前中国工业发展实力最雄厚之地。目前这一地区的市场经济环境、技术档次、企业和职工素质均属全国一流。特别是浦东新区已成规模，使这一地带的国际知名度和对外开放度大为提高。随着一批著名大跨国公司前来投资，21世纪上半叶这一地区不仅将继续保持全国首屈一指的地位，而且有可能成为太平洋地区乃至世界的经济、贸易、金融中心之一。除了轻纺、机电、造船、化工、医药、食品等传统行业向高附加价值方向转变外，上海的微电子、新材料、生物工程、海洋工程等新产业也将在全国率先占据较大份额。随着工业结构调整的加快，一批高耗能、技术水平低的行业如纺织等，将向内地转移，钢铁、石油化工等基础原材料工业在高技术含量、高劳动生产率和低污染的基础上也将有长足发展。

80年代迅速崛起的以广州附近的珠江三角洲为核心，包括两广、福建和海南在内的华南经济区，近些年来保持了强劲的增长势头，其中广东省的工业增长速度自改革以来名列全国前茅。这一地区毗邻港澳台，地处对外开放的最前沿，率先建立了深圳、珠海、汕头、厦门等经济特区。在很长一个时期内，经济特区和珠江三角洲将主要发展以工业为主、工贸结合的外向型经济，知识密集型和技术密集型工业比重趋于上升，辅之以某些出口创汇的劳动密集型行业，纺织、服装、食品、农特产品加工、家电、精密机械等行业都可能出现一批在国际和国内市场有影响的"拳头产品"。

除了东北、京津冀、上海、华南经济区外，东南沿海地带的其他区域，尤其是胶东半岛的工业增长很快，且展示了令人鼓舞的前景。若干年以后，它们成为新的长江三角洲或珠江三角洲不是不可能的。

中部和近西部地带总体经济水平低于东部沿海地带，但经过许多年的建设，一些以大城市为中心的工业区的产业基础和科技力量并不亚于东部，有些方面还明显优于东部。如果这一地带发展商品经济的环境能有显著改善，就会成为21世纪初中国工业增长潜力最大的地区。这一地带大体可分为能源基地、华中、西南、西北四个经济区。

以山西为中心，包括内蒙古中部、宁夏、陕北和豫西在内的能源经济区，是20世纪90年代和21世纪初中国能源工业发展的主战场。除了煤炭产量持续增加外，把煤炭转化为二次能源输出的电力工业和黑色金属、有色金属、煤炭化工、建筑材料等高耗能产业和相应的加工工业也将获得很大发展。

华中经济区包括湖北、湖南、河南三省，能源、有色金属等资源丰富，工业门类齐全，有较好的工业和科技基础。该区的一个重要特点是适宜几乎所有产业的发展，北部的煤、石油、天然气，南部的铜、钨、铋、锑、锰、钒等有色金属的开采和加工规模可望有所扩大。目前分布在区内各大中城市的钢铁、机械（汽车和船舶制造）、电子、化工、轻工、纺织、农产品加工等产业都将在升级换代的基础上获得较快增长。鄂西地区水能充裕又邻近有色金属、化工资源产地，估计将发展起一些高耗水、高耗能的产业。

由四川大部、云南、贵州组成西南经济区，也是多种资源富集之地，经过三线建设，形成了以军工为主的工业结构。在"保军转民"的基础上，机械、化工、钢铁、有色金属等部门都可能涌现一批技术水平起点高、竞争性强的产品。具有优越原料条件的烟草、酿酒、制糖、制茶、丝绸、罐头、盐、造纸等轻工业的发展速度进一步加快，烟酒两项将长期在国内占据优势地位。川滇黔三省接壤地区资源丰富，品种较多，可能发展起包括能源、钢铁、有色金属、化工在内的大型综合工业基地。

西北经济区由陕西、甘肃东部、内蒙古西部和宁夏构成。这一地区在新中国成立前工业基础极为薄弱，新中国成立后经过"一五"时期建设、三线建设和80年代的发展，形成了一批技术水准并不低于东部地区、中部和近西部其他地区的工业密集区，但除了国家投资的企业之外，一般工业基础仍然相当落后，具有明显的二元经济特征。这一地区工业发展将在现有工业基础利用效率提高、产品升级换代加快的同时，以利用当地资源为主的中小型企业也将有大的发展，并与原有的大中型企业逐步衔接。航空和航天、电子、机械、有色金属、纺织等工业都将在全国占有重要地位,煤炭、石油、天然气、多种金属的开发规模也会逐步扩大。

值得一提的是,中部和近西部地区新技术产业的条件颇为有利。华中、西南、西北的许多大中城市集结了雄厚的科技力量,在微电子、光纤通信、计算机软件、新型材料、宇航、核工业等领域,完全有能力与东部并驾齐驱或领先于东部。发展新技术产业方面的优势对在21世纪缩小中部和近西部与东部的过程中差距很可能起到关键作用。

远西部地区与其他地区形成鲜明对比的是地域辽阔、人口稀少。这一地区煤、石油、有色金属、水电、钾盐等资源储量十分可观。但由于现有工业基础薄弱,交通和其他基础设施落后,到内地运距长,短期内尚难形成大规模开发。随着基础设施的改善、内地可开采资源量的减少以及资金筹措能力的增强,这一地区将逐步建设起一批对全国有举足轻重作用的能源和有色金属基地,并相应形成一些高耗能加工工业。由于国内现有主要油田开采量和探明储量正陆续进入下降期,勘探、开发新疆塔里木盆地等油田的时间表已经提前,20世纪90年代末将形成可观的原油生产规模。如果这一步能够顺利迈出,远西部地区其他资源的开发速度也将比原先预料的要快。除了能源等重工业外,以当地农副特产品为原料的纺织、轻工、食品工业,如新疆的棉、毛纺织业、甜菜制糖业等也会获得较大发展,并形成若干行销国内和国际市场的拳头产品,借助欧亚大陆桥等通道与俄罗斯、西亚、南亚、中东乃至欧洲国家的交往也必然给远西部地区工业发展带来诸多机遇。

以上对三大地带工业布局的描述已经部分包含了对它们之间差距变动走向的推测。虽然各个地区工业都将有长足的发展,但中国目前仍处在差距扩大尚未完结的时期。在21世纪初期,随着一系列基本条件的变化,如东部增长潜力的减小,中、西部商品经济发展环境的逐渐成熟和产业基础的积累,东、中、西部间的差距将逐步缩小。

# 第三篇　开放环境下的机遇与挑战

# 第六章　工业化进程与对外开放

在今后一段较长时期内，如何处理好利用外资与工业增长和整个国民经济的关系，将是一个关系到增长速度和增长质量的重要课题。

一个国家较好的工业化实绩往往与其对外贸易的扩张和利用外国资金有密切关系。但是反过来讲，外贸的扩张和外资的增加与工业发展的成就并没有必然的对应关系。在世界工业发展史中，有些国家得益于外贸扩张的引导作用，成为或接近成为工业发达国家，例如各主要工业化国家和最近的新兴工业化国家和地区；而有些国家虽然有较大的对外贸易规模，却长期局限于少数几类出口商品，现代工业发展迟迟没有起步，例如某些石油出口国和一些自然资源类产品的主要出口国。同样，有些国家曾经大量借用国际资本或吸引国外投资者前来投资，推动本国的工业化进程，例如历史上的美国、俄国以及第二次世界大战以后的某些发展中国家；也有一些国家，例如日本，曾经长期阻止外国资本的流入，然而工业仍然能够得到迅速发展；还有些国家，大量外资不但没有促进本国进入现代工业良性发展之中，反而形成对外国资本的依赖和严重的债务危机，例如80年代的拉美国家和撒哈拉以南的一些非洲国家。

在80年代，中国的对外经济贸易以比工业高得多的速度发展，1995年，中国的对外贸易总额已达2809亿美元，占国内生产总值的比重已高达 40%。这一比例不仅明显高于绝大多数发展中大国,而且显著高于美国、日本、德国等较大的工业化国家。中国利用外资也已达到可观规模,1979—1995 年,实际利用外资 2291 亿美元,其中国外贷款 914 亿美元,外国直接投资 1336 亿美元,截至 1995 年底,已投产运营的外商投资企业已达 15 万家以上。这种状况是国际竞争力增强还是对外依赖性增强?在中国今后经济增长和结构变动的过程中,对外经济贸易和利用外资的规模、比重和结构应该发生什么样的变化,发挥什么作用?这些是本章要分析的主要内容。

## 一、工业发展与对外经贸

将新中国成立后前 30 年间的对外贸易政策称为"闭关锁国"是不恰当的。相反,可以说新中国从成立初期开始已非常重视引进技术和对外贸易在工业化中的重要作用。如果说对外经济贸易关系没有在中国工业化过程中发挥应有的重要作用,原因主要是不利的国际环境,而不是有意选择的结果。

中华人民共和国刚一成立,就面对很不利的国际环境,发展正常的对外经济贸易关系非常困难。早在 1949 年,在美国的坚持下,美国及其盟国就成立了一个旨在限制对社会主义国家进行贸易的国际性集团,即"巴黎统筹委员会",开列了一个包括数千种商品和 750 种设备在内的禁运单。1950 年,由于美国、日本、加拿大、菲律宾等国实行冻结我国资产和资金的政策,迫使我国停止了这些国家的结汇出口。同时,美国操纵"联大"通过禁运案,对我国实行全面的经济封锁。因此,我国只能以港澳为跳板,与一些态度较为中立的国家进行贸易往来。

在这种环境中,中国仍然坚持以引进项目为主进行工业化建设。当时的中国别无选择，只能以各社会主义国家为主要贸易伙伴。"一五"时期大规模工业建设方案就是以从苏联和东欧各国的引进项目为核心制定的。在50年代的工业发展中，引进技术、对外贸易和各方面的对外合作发挥了极其重要的作用，为中国工业奠定了物质、技术、人员和研究开发能力等各方面的基础。60年代以后，对外经济贸易在中国工业化过程中的作用相对减弱，是由于这一时期的国际环境特别不利，西方国家继续对中国采取敌对、封锁的态度；同时，中国与苏联、东欧各国的关系破裂。在这个时期，中国特别强调"自力更生"的方针，本意并不是为了排斥对外经济贸易，这也不是导致对外经济贸易地位下降的原因。"自力更生"方针的制定是不利国际环境导致的结果，其本意是为了在不利的国际环境中调动国内各方面的积极性，减少对外依赖性，其意义是积极的。

70年代初期，随着中美、中日建交和中国恢复在联合国的合法席位，中国的外部环境明显好转，中国立即着手加强对外经济贸易工作。1973年，制定并着手实施从国外引进43亿美元成套设备和单机的"四三方案"，使70年代中后期的大规模经济建设再次以引进项目为中心展开。到70年代末期，中国制定对外开放的国策，对外经济贸易进入一个新的发展时期。

新中国成立初期，中国的国力和工业的技术与物质基础都很薄弱，当时中国之所以能够在这种基础上进行大规模的工业建设，对外贸易、引进技术和利用外资发挥了重要作用。下面表6-1是"一五"到"七五"时期工业生产资料的进口额及其占国内重工业产值的比重，大致上反映出进口技术与设备在工业建设与生产中的地位；表6-2是同一期间工业品出口额及其占国内工业产值的比重，大致上反映出国际市场对我国工业市场增长份额的贡献。

表 6-1 几个代表年份工业生产资料进口额及其占重工业产值的比重

| 年份 | 工业生产资料进口额（亿美元） | 占进口总额比重（%） | 占国内重工业产值比重（%） |
| --- | --- | --- | --- |
| 1955 | 15.7 | 90.6 | 26.5 |
| 1960 | 17.8 | 91.3 | 5.7 |
| 1965 | 11.5 | 57.8 | 5.6 |
| 1975 | 58.3 | 77.8 | 7.2 |
| 1980 | 140.0 | 71.6 | 8.4 |
| 1985 | 269.5 | 78.5 | 16.5 |
| 1990 | 263.2 | 79.6 | 18.7 |

资料来源：1955—1985 年的数据根据江小涓《中国工业发展与对外经济贸易关系的研究》（经济管理出版社 1993 年版）第一篇中的有关数据计算；1990 年的数据根据 1991 年《中国统计年鉴》和《中国对外经济贸易年鉴》中的数据计算。表中"占国内重工业产值比重"是将进口额按当年平均汇率折算成人民币后计算。

进入 90 年代以后，工业增长、工业品进出口增长和工业领域利用外资三方面相互促进，都保持着较高的增长速度。如表 6-3 所示。

表 6-2 几个代表年份工业品出口占工业产值的比重

| 年份 | 工业品出口额（亿美元） | 占出口总额比重（%） | 占工业总产值比重（%） |
| --- | --- | --- | --- |
| 1955 | 7.6 | 53.6 | 4.9 |
| 1960 | 12.8 | 69.0 | 2.7 |
| 1965 | 14.9 | 66.9 | 3.0 |
| 1975 | 51.8 | 71.4 | 3.3 |
| 1980 | 148.7 | 81.4 | 4.3 |
| 1985 | 213.8 | 82.5 | 6.5 |
| 1990 | 453.1 | 87.0 | 10.1 |

资料来源：同表 6-1。

分析表 6-1、表 6-2 和表 6-3 的数据，我国对外贸易和国民经济增长的关系、工业品进出口和工业增长的关系可简要描述如下：

第一，对外贸易的增长明显快于工业增长，出口成为带动工业增长

表 6-3 "八五"工业和对外贸易的发展

|  | 1990 年 | 1995 年 | "八五"年均增长（%） |
| --- | --- | --- | --- |
| 1. 国民生产总值（亿元，当年价格） | 17686 | 57650 | 12.0 |
| 2. 对外贸易总额（亿美元） | 1154.4 | 2808.5 | 19.5 |
| 　进口总额 | 533.5 | 1320.8 | 19.9 |
| 　出口总额 | 620.9 | 1487.7 | 19.1 |
| 3. 工业增加值（亿元，当年价格） | 7834.9 | 24718 | 17.8 |
| 4. 工业制成品进出口额（亿美元） | 897.0 | 2349.5 | 21.2 |
| 　占对外贸易总额比重（%） | 77.7 | 83.7 |  |
| 5. 工业制成品进口额（亿美元） | 434.9 | 1076.7 | 19.9 |
| 　占进口总额比重（%） | 81.6 | 81.5 |  |
| 6. 工业制成品出口额（亿美元） | 462.1 | 1272.8 | 22.5 |
| 　占出口总额比重（%） | 74.4 | 85.6 |  |

资料来源：1990 年的数据引自 1991 年的《中国统计年鉴》《中国对外经济贸易年鉴》和《中国海关统计年鉴》，1995 年的数据根据国家统计局、对外经贸部和中国海关提供的资料计算。

的重要因素，进口支撑着国内的高速度。

新中国成立以来较长时期内，工业增长与对外贸易的增长曾经处在相对稳定的状态下。

自 70 年代末期以来，对外贸易的增长速度明显高于国民生产总值的增长速度，进入 90 年代以后，对外贸易达到年均增长 19.5% 的高速度，比"七五"时期年均增长 10.7% 的速度高出近 9 个百分点，比同期国民生产总值年均增长 12% 的速度高出 7.5 个百分点，比工业增加值年均增长 17.7% 的速度高出近 2 个百分点，表明对外贸易对我国经济增长的带动作用继续增强。

对外贸易的高速增长，从进口和出口两方面推动着工业和整个国民经济的高速增长。

进口原材料支撑了较高的增长速度。我国工业原材料和农用物资的生产能力长期不能满足国内需求，因此，这两项进口额在进口总额中一直占有较大比重。从"一五"到"七五",工业原材料和农用物资的进口占进口用汇的比重在38%—63%的范围内波动,用汇总额高于技术引进和设备进口的用汇额。一些重要的工业原材料和农用物资如钢材、铜、铝、橡胶、木材、化肥、农药等的进口数量,占国内消费量的比例大约在四分之一到二分之一的水平。"八五"是我国工业和整个国民经济增长速度最快的时期,进口对高速增长的支撑作用更加显著。"八五"前三年,钢材、铜、原油、成品油、聚乙烯、纸及纸板等原材料的进口量都在10亿美元以上,特别是在"八五"前三年,进口原材料占国内消费量的比例较高,例如,1993年,钢材进口2999万吨,占国内消费量的三分之一。

出口是工业生产愈来愈重要的销售渠道。改革开放之前,国内工业品供应长期不足,出口是为了换取外汇,而不是为了扩大市场容量,出口占工业总产值的比重在3%—5%波动。改革开放以来,愈来愈多的产业和产品开始进入供大于求的状况,出口增长成为生产规模扩大的重要途径,出口占工业总产值的比重明显上升。例如自80年代初期以来,纺织工业的增长有近一半靠出口带动。

第二,工业制成品在对外贸易总额中所占的比重明显上升,中国对外贸易的商品结构得以改善。

新中国成立后较长时间内,我国出口商品以初级产品为主。1981年,工业制成品在出口总额中所占的比重首次超过50%。此后工业制成品所占的比重持续上升,到"七五"末期已达74.4%,到"八五"末期再升新高,达到85.6%。五年中比重增加了11个百分点。"八五"期间,工业制成品出口的年均增长速度高达22.5%,表明工业制成品出口成为出口增长的主导部分。

第三,技术引进和设备进口在我国工业技术进步和结构升级过程中起到了关键作用。

新中国成立以来，我国的技术引进和设备进口可分为三个阶段。第一个阶段从1950—1978年，共引进项目约2000项，用汇约148亿美元。主要是成套项目引进。第二阶段从1979年到1990年，共引进项目7000项以上，用汇约302亿美元，引进的重点转向引进先进技术改造现有企业，安排引进技术3000项，重点是轻纺工业项目和机械电子项目。"八五"期间，技术引进所用金额约为230亿美元，比"七五"期间技术引进额增长了48%。在引进技术改造老企业的同时，又注意引进了一批重大项目。"八五"期间，以节能、节约原材料、开发新品种、提高质量和促进出口为主要内容，安排了62个重点项目。1992年，又制定了若干个大项的技术改造和技术引进项目。在能源、石油化工、冶金、航空、机械、电子等行业中，都引进了一批大型重点项目。技术引进和设备进口对我国工业结构的转变和技术水平的提高起到了关键性的作用。我国工业技术和装备水平在50年代、70年代中后期和80年代及90年代上半期有三次大的改进，均与技术引进与设备进口密切相联。多数新工业行业的建立和重要工业新产品的生产，都是通过技术引进和设备进口实现的。

## 二、国际竞争力的转折点[①]

90年代中期，中国出口工业品的结构发生了重大变化。特别是1995年，由于下面一些特征的出现，成为中国工业发展与对外贸易发展的一个里程碑。

第一，机电产品成为中国第一大类出口商品。

---

① 本节分析中所引用的数据，分别引自国家计划委员会对外经济贸易司等：《中华人民共和国技术引进四十年（1950—1990）》，文汇出版社1992年版；江小涓：《中国工业发展与对外经济贸易关系的研究》；中华人民共和国海关总署：《中国海关统计年鉴》，相应年份。

新中国成立后前30年,中国几乎不出口机电产品,1978年,中国机电产品出口额不足1亿美元,1985年,只有16.8亿美元,占当年出口总额的比重只有6.5%。1990年,机电产品出口额增至110.88亿美元,占出口总额的比重上升至17.86%。到1995年,机电产品出口已达438.6亿美元,占制成品出口额的比重已达29.48%,首次超过纺织品,成为我国最大的出口商品类别。机电产品出口不仅增幅大,而且结构明显改善,1994年,技术比较密集的机电产品及成套设备占机电产品出口额的比重已达87.5%,劳动相对密集的金属制品在机电产品出口额中的比重下降至12.5%。

我国机电产品出口能力的增强还反映在机电产品出口与进口的比值上。长期以来,我国机电产品出口与进口的比重一直很低,进入90年代以来,这种状况明显改善。1985年,机电产品出口为16.8亿美元,进口为182.9亿美元,出口仅为进口的百分之九;1990年,这一比值已上升至51%;到1995年,机电产品出口额已为进口额的74%。出口与进口的差额比呈现出明显的下降趋势。特别值得提到的是,1995年,我国电子产品的出口额首次超过了进口额,出口额为163亿元,进口额为161亿美元。

第二,传统出口商品比较优势发生转变。

长期以来,轻纺工业产品是我国的主要出口工业品,1995年,我国轻工业产品出口402亿美元,占轻工业产值的比重约为16%。纺织行业是我国出口依存度最高的行业,纺织产品三分之一以上进入国际市场,自80年代中期以来,纺织业新增产值有近一半靠出口实现,中国已是世界上最大的纺织品生产和出口国。1995年,纺织品和服装出口额为379.4亿美元,约占纺织工业产值的1/3。

虽然轻纺工业产品仍在中国出口商品中占有重要地位,但其内在结构发生了重要变化。资源、劳动相对密集、附加价值低、技术属于中低档的传统工业产品的竞争力有所下降;劳动相对密集但同时技术相对较先进、附加价值相对较高的工业产品的竞争力明显增强。我们仍以纺织工业为例,虽然纺织品仍然是我国的主要出口商品之一,但占主导地位的出口纺织品已从纱、布等中低档中间产品转向服装等最终产品,纱、布等低加工度、低附加值产品占纺织品出口额的比重由80年代的50%以上下降到"八五"末期的不足20%,服装等最终产品的出口比例则由不到50%上升到80%以上。与此同时,我国进口纺织品大量增加,特别是棉纱进口大幅度增加。进入90年代以来,纺织品进口增幅明显高于出口增幅,出口减去进口以后的纺织品净出口与出口总额的比值连年下降,1990这一比值为74.1%,1994年下降为62.4%,1995年又降至57%。这说明中国作为人均耕地面积明显低于全球平均水平的国家,其初级纺织品出口中的竞争力难以长期维持。[1]

## 三、工业与外贸的相互促进

工业和对外贸易两者之间相互依存、相互促进,推动着我国工业和外贸在规模和水平两方面持续发展。

第一,工业规模和水平的提高为对外贸易的迅速发展提供了产业基础。工业制成品是我国出口商品的主要构成部分,对外贸易的迅速增长是以国内工业能够生产出大量有国际市场竞争力的产品为前提的。进入80年代以来,我国有愈来愈多的工业行业和产品呈现出供大于求的状况,这种状况从两个方面推动着工业制成品的出口,一方面,国内市场竞争加剧迫使工业企业提高质量,改进技术,降低成本,增强营销能力,使产品更有竞争力;另一方面,国内市场的激烈竞争,使企

---

[1] 本节分析所引用的数据,引自中华人民共和国海关总署:《海关统计》,1990年12月和1995年12月。

业的注意力转向开拓国际市场,开发国际市场适销产品。改革开放以来,在某个时期出口增长最快的产品,大都是前一时期生产能力明显大于国内需求、市场竞争激烈的产品,如80年代的纱、布、录音机、收录机和组合音响、自行车、电话机、黑白电视机,90年代前半期的彩色电视机、电冰箱、洗衣机、计算器、服装等产品,都经过了生产能力明显大于需求——国内竞争加剧——质量与技术水平提高——出口增加这样的发展过程。

第二,对外贸易为国内产业发展提供了技术、市场和竞争压力。对外贸易对工业发展的主要促进作用在于引进先进技术、扩大市场、增强竞争压力和进口一些国内供应不足的原材料和其他投入品。除此之外,随着技术引进和产品出口,也引进了新工艺、新标准、新概念和新的经营手段。例如"八五"期间增长速度最快的电子行业,技术引进、设备进口和元器件、零部件、成套散件进口起了决定性的作用。就是在一些传统产业中,引进技术和设备进口对产业改造、升级和稳定增长也起到了不可替代的作用。以纺织业为例,我国近些年高档纺织面料和中高档服装的迅速增长,2/3以上是靠进口设备和技术实现的。

第三,工业体制改革和对外贸易体制改革相辅相成,推动着我国市场经济体制的形成和发展。改革开放以来,工业和对外贸易领域都进行了一系列改革,不仅推动了各自领域的发展,也彼此形成推动力。在这10多年中,外贸和外汇体制改革有一系列的重大举措,在汇率逐步小幅下调的基础上,1994年实行汇率并轨,实现了经常项目下人民币有条件的自由兑换。1986年开始,中国申请恢复关贸总协定缔约国的地位,开始了迄今为止已长达10年的"复关"和加入世界贸易组织的谈判,按照关贸总协定对缔约国的要求,进行了一系列关税、非关税措施的调整和贸易体制的改革。关税水平进行了4次较大幅度的下调,非关税措施明显减少,使企业能够更加及时、便利地引进技术、进口设备和原材料；为了促进工业制成品出口，先后给予3000多户工业企业以进出口自主权，使这些企业能够统筹运用国内国际两种资源和两个市场。这些改革措施虽然着眼于对外贸易体制的改革，但同时也从扩大、落实企业自主权和形成公平竞争的市场环境两个方面，有力地推动着工业领域的改革进程。

## 四、利用外资与工业增长

### 1. 利用外资平缓增长时期

改革开放以前，中国利用外国资金的规模和方式都非常有限。除了50年代从苏联贷款约合50多亿元人民币外，整个60—70年代，我国利用外资的方式主要是出口国提供的买方信贷和中国银行吸收的外汇存款，数额有限，而且主要是短期融资。吸收外国政府、国际金融组织的贷款和吸收外商直接投资等利用外资的方式，基本上是空白。[1]1979年以后，我国改变了不借外债的方针，采用国际上的通用方式，通过各种渠道吸收外资。外资在中国经济增长特别是工业增长中的作用日显加强。

1979年到1995年，中国实际利用外资2291.36亿美元，其中对外借款914.37亿美元，利用外商直接投资1376.99亿美元。[2] 这期间中国利用外资可以分为两个阶段。

1979—1990年是第一阶段，这一阶段利用外资的数额平缓增长，实际利用外资680.74亿美元。利用外资的主要形式是对外借款，对外

---

[1] 有关1979年以前中国工业部门利用国外资金的情况，可参见江小涓：《中国工业发展与对外经济贸易关系的研究》，第一篇。

[2] 根据国家统计局《中国统计摘要(1996)》第110页的数据计算。

借款共计 458.55 亿美元。利用外商直接投资为 222.19 亿美元。对外借款的主要来源是外国政府和国际经济组织的优惠贷款，主要投向是基础性重点行业，其中能源、交通运输和原材料三项就占 80% 以上。通过利用外国贷款，在基础设施和基础产业中建设了一批重点项目。仅在"六五"期间，利用国外贷款就增加了发电设备近 900 万千瓦，增加原煤生产能力 5000 多万吨，增加原油生产能力近千万吨；新建、扩建了若干水泥厂、人造板厂和木材商品基地；继续进行宝钢建设；新建、扩建和改建了一批码头、铁路、机场、城市电话系统和长途电话系统等。可以看出，利用国外贷款建设的项目，对增加国内短线基础产品和基础设施的供给有重要意义。但是，利用贷款建设的项目除了部分能源项目可以用产品分成的形式还贷外，大部分项目不具备直接出口换汇的能力。

这一阶段吸收的外商直接投资，投向工业行业占一半稍多，主要投向沿海地区的轻纺工业。表 6-4 是以协议金额数计算的外商直接投资的行业分布，表 6-5 是按协议金额计算的外商直接投资的区域分布。[①]

表 6-4　外商直接投资的行业分布（按协议金额计算）
（1979—1990 年）

（%）

| 行业 | 所占比例 |
| --- | --- |
| 总计 | 100.0 |
| 工业 | 58.5 |
| 农业 | 2.8 |
| 建筑业 | 1.8 |
| 交通、运输、邮电 | 1.2 |
| 商业、服务业 | 4.2 |
| 房地产、公用事业 | 22.2 |
| 其他行业 | 9.3 |

资料来源：根据中国经济年鉴编辑委员会《中国经济年鉴（1991）》（经济管理出版社 1991 年版）第 111—211 页表 3 计算。

---

① 在中国的统计中，只有协议金额有行业分布，实际投入金额没有分行业统计。

表6-5 外商投资前10名省区市所占比重（按协议金额）
（1979—1990年）

(%)

| 省（区市）名 | 所占比重 |
|---|---|
| 广东省 | 44.1 |
| 福建省 | 8.4 |
| 上海市 | 7.5 |
| 北京市 | 4.9 |
| 辽宁省 | 3.5 |
| 江苏省 | 2.6 |
| 陕西省 | 2.5 |
| 山东省 | 2.3 |
| 海南省 | 1.7 |
| 广西壮族自治区 | 1.6 |
| 合计 | 79.1 |

资料来源：同表6-4，根据表5的数据计算。

随着国外直接投资的增加，外商投资企业在中国工业中逐步占有一定地位，表6-6是外商投资企业在工业中的一些重要指标。

表6-6 外商投资企业在中国工业中的地位（1990年）

| 序号 | 指标 | 数额 | 占全国总数比重（％） |
|---|---|---|---|
| 1 | 外商投资工业企业总产值（亿元） | 430.6 | 1.8 |
| 2 | 外商投资企业职工人数（万人） | 200.0 | 1.4 |
| 3 | 外商投资企业出口额（亿美元） | 78.2 | 12.6 |
| 4 | 全社会固定资产投资中利用外资的数额（亿元） | 278.3 | 6.3 |

资料来源："1"根据《中国工业经济统计年鉴（1991）》第6页、第7页表计算；"2"根据《中国经济年鉴（1991）》第111—211页中的数据和《中国统计年鉴（1991）》第95页表中的数据计算；"3"根据《中国对外经济贸易年鉴（1991）》（中国社会出版社1991年版）第323页表计算；"4"引自《中国统计年鉴（1991）》第144页表。

## 2. 利用外资高速增长时期

进入 90 年代以后，中国经济发展中最显著的特征之一，是外商直接投资的成倍增长和外商投资企业对经济增长及对外贸易增长的明显推动作用。"八五"期间，我国累计实际利用国外资金 1610.62 亿美元，其中利用国外贷款 455.82 亿美元，利用外商直接投资 1147 亿美元，利用国外贷款数与过去 10 多年的总额大体相当，而外商直接投资超过以往 10 多年利用外资总额的 5 倍。

外商直接投资不仅数额增长较快，行业结构与区域分布特征与前 10 多年相比也有一些变化。表 6-7 和表 6-8 是 1994 年的情况。

**表 6-7　外商直接投资的行业分布（按协议金额计算）（1994 年）**

（%）

| 行业类别 | 所占比重 |
| --- | --- |
| 合计 | 100.0 |
| 工业 | 53.2 |
| 农业 | 1.2 |
| 建筑业 | 2.9 |
| 交通运输业 | 2.5 |
| 商业服务业 | 4.7 |
| 房地产业 | 28.9 |
| 卫生体育事业 | 2.4 |
| 教育文化艺术事业 | 0.7 |
| 科研和技术服务业 | 0.3 |
| 金融业 | 0.5 |
| 其他行业 | 2.7 |

资料来源：《中国经济年鉴（1995）》，第 278 页表 5。

表 6-8　外商投资前 10 名省市所占比重（按协议金额）（1994 年）

(%)

| 省（市）名 | 所占比重 |
|---|---|
| 广东省 | 28.2 |
| 上海市 | 11.2 |
| 江苏省 | 9.5 |
| 福建省 | 8.7 |
| 山东省 | 6.4 |
| 辽宁省 | 5.5 |
| 北京市 | 5.5 |
| 天津市 | 4.2 |
| 浙江省 | 3.5 |
| 四川省 | 1.8 |
| 合计 | 84.5 |

资料来源：同表 6-7，根据表 4 的数据计算。

随着外商直接投资的激增，外商投资企业在工业增长、出口和国民经济中的地位不断增强，表 6-9 是一些重要指标。

表 6-9　外商投资企业在中国经济中的地位（1994 年）

| 序号 | 指标 | 数额 | 占全国总数比重（%） |
|---|---|---|---|
| 1[*] | 外商投资企业工业总产值（亿元） | 6645.36 | 12.6 |
| 2 | 外商投资企业职工人数（万人） | 399.67 | 2.3 |
| 3 | 外商投资企业出口总额（亿美元） | 347.1 | 28.7 |
| 4 | 全社会固定资产投资中利用外资数额（亿元） | 1769.1 | 10.8 |
| 5 | 外商投资企业交纳工商税（亿元） | 297 | 7.4 |

资料来源："1" 到 "4" 均根据《中国统计年鉴（1995）》中的数据计算；"1" 根据第 380 和第 381 页中的数据计算；"2" 根据第 88 页和第 99 页中的数据计算；"3" 根据第 537、553 页中的数据计算；"4" 根据第 138 页的数据计算；"5" 根据《中国经济年鉴（1995）》第 278 页的数据和《中国统计年鉴（1995）》第 218 页的数据计算。

[*] 统计口径为乡及乡以上工业企业。

随着利用外资数额的增加和外商投资企业对中国经济各方面影响

的加强，利用外资也带来了一些明显负面作用。我国吸收外商直接投资的目的除了利用国外资金外，更重要的是为了引进国外先进技术、先进的管理经验和扩大出口。但是，过去10多年的经验表明，外商前来投资的目的与我们利用外资的目的有较大差距，主要有以下几点：

第一，大部分外商投资企业主要指向中国市场。中国广阔的国内市场对外国投资者有巨大的吸引力，这是他们前来中国投资最主要的动机。中国汽车工业最早的三大合资企业即上海大众、北京切诺基和广州标致，外方投资者的目的都是"在中国生产，在中国销售，维持在技术使用系统内的知识优势，取得中国巨大的汽车市场"。[①]据一些地区调查，外商投资企业能够全部履行外销合同的为数甚少，一些企业能够部分履行外销合同，大部分企业完全不履行外销合同。[②]据一些行业调查，外商投资企业已在国内市场占有了较大份额甚至是大部分份额，但几乎没有出口发生。[③]据一些国别调查，一些国家在华投资的数十家跨国公司中，产品出口极少。[④]

第二，外商投资企业引进先进技术的情况总体上不理想。80年代，外商投资企业的技术水平总体上较差，据广州市80年代末的情况，在833家外商投资企业中，得到广州市政府批准的先进技术企业只有18家。南通市46家外商投资企业中，平均技术水平明显低于该市已有的

---

① "汽车工业利用外资若干问题的探讨"，《科技导报》1988年1月。
② 例如，某市在80年代末期已经开始销售事宜的外商投资企业中，全部履行外销合同的只有6%，部分履行外销合同的占43%，全部不履行合同的占51%。见袁恩毅："浅析中外合营企业产品外销协议落空的原因"，《对外经贸研究》1988年第13期。类似的情况也发生在北京市，见吴恩芳、俞蓓："关于开展补偿贸易的问题与建议"，《国际贸易问题》1988年第4期。
③ 例如，据我们做的一次调查，我国洗涤用品行业是外商投资较为集中的行业，1995年底外商投资企业洗衣粉的市场占有率已达35%以上，在未来几年占有率还将显著上升。在较大比例占有国内市场的同时，外商投资企业基本上没有出口发生。
④ 例如，在华投资的美国跨国公司，其产品向国外出口极少。见王志乐主编：《著名跨国公司在中国的投资》，中国经济出版社1996年版，第70页。

国营大中型企业。① 进入 90 年代以后,随着大跨国公司前来投资增多,外商投资企业的技术水平有明显提高,国内有学者对 50 家跨国公司在华投资的 231 家企业进行过调查,表明这些企业的技术水平较高,例如在一次接受调查的 33 家企业中,有 17 家企业提供了填补我国空白的先进技术。不过,从总体上看,外商投资企业提供的并不是它们所掌握的最新技术。

第三,在某些行业中,外商投资企业产品的市场占有率已经较高。在一些外商投资较为集中的行业中,外商投资企业产品的国内市场占有率较高,例如通信设备、轿车、工程机械、橡胶、洗涤用品、医药产品、饮料等行业。由于这些行业中的外商投资企业仍在增加投资,扩大生产能力,可以预计到 20 世纪末,它们的市场占有率会更高。②

可以看出,按照我方的初始愿望衡量,外商直接投资的状况不够理想。但是,我们应该认识到,外国投资者来华投资,必然有他们自己的利益取向,中国巨大的国内市场,当然是其追逐的目标。希望外商对此视而不见是不可能的。从国际直接投资的历史看,投资方与受资国利益的不一致是普遍现象,因此许多国家对外商直接投资政策采取较多的限制政策,即使一些允许外商直接投资的国家,政策也出现过变化和多次反复。③ 不过,进入 90 年代以来,多数国家对待外国直接投资的态

---

① 广州的情况可见杨崇声:"关于广州市外商投资企业的实证性研究",《中山大学研究生学刊》1988 年第 3 期;南通的情况可见黄鹤群、张仁磊:"中外合营企业的理想目标与现实矛盾",《上海企业》1988 年第 10 期。

② 例如,按照我们的调查,按外商投资企业的扩建规模和发展规划,到 20 世纪末期,在洗衣粉行业,外商投资企业的市场占有率将达到 65%—70%。

③ 对外资采取限制政策的国家可以日本为例,在战后较长时期,日本对外国直接投资一直采取严格的限制态度,1970 年,日本利用的外国直接投资只有 1 亿美元,1980 年只有 3.29 亿美元,进入 80 年代后,日本企业的竞争力明显增强,政府才逐步放松了对资本市场的管制,但直到 1989 年,外国对日直接投资也只有 27 亿美元,见杨书臣《日本的投资管理》,经济管理出版社 1992 年版,第 100—110 页。外资政策的摇摆和反复出现在许多国家,可参见联合国跨国公司中心《再论世界发展中的跨国公司》(商务印书馆 1982 年版)和《三论世界发展中的跨国公司》(商务印书馆 1992 年版)两本书中有关东道国政策的章节。

度向更加开放的方向转变,其原因稍后将做分析。这里得到的结论是,外国直接投资对90年代以来中国的工业发展产生了多方面的积极影响,也带来了一些问题。在今后一段较长时期内,如何处理好利用外资与工业增长和整个国民经济发展的关系,将是一个关系到增长速度和增长质量的重要课题。

## 五、未来展望:工业化与对外开放

今后中国对外经济贸易发展所面临的外部环境将显著区别于以往任何时期。概括地讲,就是工业全球化的趋势愈来愈强,工业发展中的生产、购销、开发、经营等日益成为一种全球性的活动。任何国家要推进本国工业的发展,都必须较多地参与国际分工体系,跟随世界工业的发展潮流。

跨国公司在战后工业全球化进程中起了重要的推动作用。部门内产品零部件国际分工与国际贸易的发展过程,往往伴随着发达国家企业通过海外直接投资转移某些零部件和生产工序的过程。据联合国贸易与发展会议出版的《1995年世界投资报告》,今日4万家跨国公司拥有的25万家国外分支机构的全球销售额超过5万亿美元,跨国公司企业间的贸易已成为世界进出口贸易中的重要因素,约相当于世界贸易总额的三分之一。1994年,跨国公司对外投资达2260亿美元,流向发展中国家的国际直接投资为840亿美元,占全球流量的37%,外国直接投资已成为发展中国家最重要的外部私人资本流入。[①] 少数大型跨国公司控制着全世界的生产与贸易,如电信设备、集成电路、计算机等行业均是如此,美国的IBM一家就占世界电脑市场的50%。由此可见,今后我国继

---

① 储祥银:"跨国公司的国际投资取代了贸易成为国际经济一体化中最重要的机制",《国际商报》1996年1月6日。

续推进工业化的外部环境与战后较早时期推动工业高速增长的国家相比,显著的区别在于我们处在工业全球化倾向更强的时期。

  导致工业全球化趋势的原因是多方面的。一是新技术的发明应用有至关重要的影响。20世纪中期以来,技术进步的一个显著特征,是在制造业部门尤其是增长最快的机械电子工业中,产品的零部件和生产阶段具有愈来愈细的可分性,各个生产阶段、各种零部件的生产制造技术愈来愈趋于专门化,因此,在生产同一产品的过程中,可能同时有若干国家各自具有某一方面或某几方面的技术、质量或成本优势,为了增强产品的综合竞争优势,这些国家可能共同合作,导致"国际化产品"的出现。二是随着交通运输和通信技术的迅速发展。工业生产全球化和国际贸易受地理因素的限制愈来愈小,对那些体积小、重量轻、附加价值较高的机电工业产品来说,受到的影响更小。三是战后发达国家的劳动力成本迅速上升,因此,在发达国家的制造业部门中,将那些劳动密集的零部件和生产过程转移到劳动力廉价的发展中国家生产,会具有明显的成本竞争优势。四是相对于一些发达工业化国家经济增长缓慢的状况,许多发展中国家的经济表现出高速增长的巨大潜力,为了在这些新兴市场上占有较大的份额,发达国家的跨国公司纷纷向发展中国家投资。

  从80年代以来,随着科技迅速发展,现代工业增长对科学技术的依赖性愈来愈强,即使最发达的工业化国家,也难以掌握某一领域内的全部最新生产技术,因此,在发达国家之间,存在着大量以寻求新技术、高质量和低成本为目的的分工与贸易。甚至在那些综合技术和制造能力居世界领先地位的大型企业之间,为了相互吸收长处,也在竞争过程中进行着分工与合作。例如美国的通用汽车公司和日本的丰田汽车公司都是汽车工业中居世界前列的大跨国公司,两者进行着激烈的竞争,但却在美国合办了"新联合汽车制造公司",以求发扬双方的长处，生产出竞争力更强的产品。

特别值得注意的是，许多处在全球工业体系之中的国家尤其是发达的工业化国家，并不是本国不具备生产最终产品及主要零部件的工业基础和技术实力，但是，为了吸收全球最新技术和成本优势，使本国的最终产品更具有竞争力；或者为了发挥本国在某些零部件制造方面的相对优势，或者为跟踪与掌握全球最新的技术和产品动向，仍然进入全球生产体系之中。这种全球性生产体系的形成及其具有的巨大竞争优势，又反过来使任何一个国家要单靠本国力量建立起具有足够国际竞争力的工业部门都更加困难。在这种大背景下，积极进入国际分工体系之中，是一国增强本国产品竞争力、跟随世界工业技术和产品发展方向的必然途径之一。

对于发展中国家来说，工业全球化趋势和工业增长对科学技术进步依赖性的增强，对它们工业发展模式的选择有明显的影响，使之显著区别于较早时期完成工业化的国家。以往落后国家通过引进先进技术设备，然后在国家保护政策之下，独立自主地搞国产化，逐步建立起基本上立足国内的生产体系，是一条追赶先进国家的可行道路。但是，20世纪70年代以后，工业技术和产品的发展及更新速度之快，使得落后国家如果搞封闭型的进口替代，在发展初期就盲目追求完全国产化，可能的结果是，国内进口替代产业刚刚建立起来就已经落后。因为现代工业部门技术复杂，生产环节多，对原材料、零部件、检测手段等也有严格的要求，尤其是技术进步速度加快。一个工业基础差、技术水平普遍较低的国家，如果追求引进技术的全部国产化，必定要经历较长时间，而且产品的质量性能往往达不到进口产品的水准。在这期间，由于科学技术的迅速发展，"世界先进水平"很可能又有了新的含义，以高昂代价国产化或基本国产化了的技术已经落后。

因此，进口替代必须是一个开放和渐进的过程。首先集中力量使某些部件或某些加工阶段达到世界先进水平,使它们能够进入国际市场,成为全球工业体系中的一部分,借以跟随世界工业技术和产品的发展趋势,然后,再一步步使整体制造业达到世界先进水平。

然而,工业发展要通过开放的过程进行的必然性,并不等于说不需要对本国产业进行保护和不需要对开放过程进行精心的设计和制定恰当的时间表。正是由于工业发展与外贸、外资的关系日趋密切,因此倘若战略选择失当或具体操作不慎,就会影响到工业化过程的持续推进。因此,在我们制定外贸和外资政策的时候,要特别注意以下几个方面的问题:

(1)对外开放应追求工业化的动态收益而不是静态的比较利益

比较利益是主张发展对外贸易的最古老也是至今最有力的观点,并且衍生出其他一些更复杂也更贴近现实的理论学说。其要点是,如果贸易各方都能以相对较低的价格在世界市场上买到某些产品,这种贸易就应当进行并且能为各方都带来利益,例如工业化国家应生产汽车和电子计算机而发展中国家应生产纺织品。然而,这种分工模式的实践结果令人失望。尽管发展中国家制造汽车的相对成本高于从发达国家进口汽车,但是,汽车工业发展带来的利益是多方面的,汽车工业的产业关联度比纺织工业高得多,汽车工业的发展对于金属冶炼业、金属加工业、仪器仪表工业、橡胶制品业、石油加工业、机器制造业以及交通运输业、汽车维修服务业等,都有很强的带动作用;汽车工业的市场巨大,是需求弹性较高的产业,因此,随着收入水平的提高,对汽车的需求至少会同比例地增加;汽车工业是"现代工业技术最大的储备部",发展汽车工业会带动工业设计、实验、制造、检测等工业技术的全面提高,增强发展其他相关机械制造业的物质和技术能力。发展汽车工业的上述利益是从事低档纺织品生产所不具备的。因此,即使是发展中国家,只要具备起码的技术、资金基础和必要的国内需求,就可以考虑放弃暂时的比较利益,着力发展本国的汽车工业,以求得到现代工业增长的长远利益。

"放弃暂时的比较利益"是落后国家建立现代先进工业部门的代价。因为国内生产的产品质量较差价格较高，因而从短期看不如进口工业品，但随着新建工业的成长，本国产品的相对高成本可能会明显下降，不再高于进口产品，从而不会长期地损失比较利益。这一过程被生动地形容为"边学边干"，在新建工业中，受经营管理者、工程技术人员和工人经验不足，机器设备配置不当，材料不合要求，销售渠道不畅等因素的影响以及存在更多的属于技术、管理和经验方面的欠缺，新建工业在初期的效率可能相当低。但是，随着新建工业的不断成熟，各种生产要素的效率可能不断改善，最终不但不会丧失比较利益，而且可能在世界市场上有较强的竞争力，这个国家就能得到现代工业增长带来的各种利益。

**（2）要使吸收外资成为促进国内经济增长和结构转变的手段而不是财富流失的途径**

落后国家都感到国内储蓄能力不能满足实现经济高速增长愿望的需要，从而也就产生了从其他国家寻求资金来源的要求。在世界工业化过程中，19世纪中期前后的美国，19世纪末期20世纪初期的俄国，以及第二次世界大战以后的日本和亚洲"四小龙"，都从这条途径寻得了大量资金，使本国（地区）经济进入了高速增长时期。吸收外资除了可以弥补本国储蓄能力不足之外，东道国还寄希望于通过吸收外资特别是吸收国外直接投资的方式引进先进技术设备和管理技能，增强在国际市场上的营销和竞争能力，以弥补本国工业技术落后、国内市场狭小、管理和竞销能力不足的缺陷。不过，与此同时，对国外资本的作用始终存在着疑虑。较早时期的观点是将发达国家向落后国家的投资与殖民主义联系在一起，这种观点至今仍然有相当大的影响，其中较为极端的形式认为来自发达国家的资金技术是落后国家不发达状况的根源,因为利润都被投资者攫取到了国外;较为温和的观点则认为国外投资产生的副作用可能较其正向作用更强,其中典型的表现是外国投资者从东道国收回的本息和利润大于其投资额,即所谓的"资金净流出"。第二次世界大战以后,对这一问题的研究更多,如认为国外资金不是弥补国内投资,而是替代国内投资;认为从发达国家转移过来的技术不适合发展中国家的国情,如在劳动力丰富的发展中国家采用高度资本密集和技术密集的生产方式,以及诱发对高档工业品的"消费早熟";认为外国跨国公司向发展中国家的投资往往形成"飞地",独立于东道国的经济之外,吸收的劳动力数量极少,技术严格保密,并没有向东道国的同行业转移;认为跨国公司利用内部结算方式,高报进口价低报出口价之类的手段以冲减盈利,达到避税的目的,等等。

因此,要特别关注外资的用途。如果这些外资用于引进国内所不能制造的先进设备和先进技术,并且这些技术设备能够被比较有效率地吸收和应用,那么从动态看,这些技术设备所产生的收益将会弥补和超过外资收益引起的损失,而且使整个国家的现代工业实力不断增强。换一个角度看,虽然为了进口这些先进的技术设备导致财富的流出,但是,如果中国自己研制这些技术,试制这些设备,所需的资金可能会高达引进成本的若干倍,因此,随外资收益而流出的财富在这种状况下可以被视为对现代工业技术能力发展的补贴。从动态的观点看,这部分损失是一种投资而不是财富的流失。

但是,如果这些外资用于大量生产国内已经能够生产制造或者正在努力建立本国生产能力的商品,严重冲击了民族工业的发展,或者引进了不符合国情、与国内条件衔接不上、长期不能发挥效益的技术设备,或者大量进口高档消费品和建设非生产性项目,不能增强本国工业生产技术能力和出口能力等,则这种损失就得不到动态收益的弥补,从长期看可能得不偿失。

## 六、贸易结构的优化

从现在起到 20 世纪末,中国要扩大对外贸易和利用外资的规模,有一些有利因素,也有不利的因素。

有利的因素有:企业改革将进一步深化,工业企业作为出口增长的产业基础,自主性和竞争力会进一步增强;在"八五"期间设立的外商投资企业,将会在生产和出口两个方面发挥更加显著的作用;进口税制的调整和改革,取消了对外商投资企业的优惠,国内企业能够在较为平等的环境中,在国内和国际市场上寻求发展机会;进口关税的下调,使国内企业能以较低的价格进口所需的设备和原材料,增强在国内和国际市场上的竞争力;中国的投资环境会进一步改善,对外资开放的领域进一步拓宽。

不利的因素有:进口税率下调,使国内相应的生产行业会面临进口商品的竞争;出口退税政策的调整会影响企业的出口效益;国内企业由于资金紧张、管理落后、机制不活和历史包袱重等问题,生产经营困难,影响出口产品的生产和竞争力;取消优惠政策后,外国直接投资会进入一个调整时期,特别是外商投资企业与民族工业的竞争及外商投资企业之间的竞争都会加强,外资进入速度会有所放慢。

综合两方面情况考虑,20 世纪内我国工业品进出口和利用外资都还将保持较高的增长速度,增速高于国民经济和工业增长速度,但是,与"八五"时期相比,增长速度会有所回落。

在这里我们特别要强调,对外开放所依赖的国际分工形式,要比对外贸易和利用外资的规模更为重要。这是因为中国促进对外贸易发展的主要目的,是取得他们对国内工业发展产生的动态收益,而不是静态的比较利益。中国利用国外资金,目的是增强国内产业的国际竞争力。

因此，无论是对外贸易还是利用外资，都应将推动中国工业的技术水平和增强中国产业的国际竞争力放在首要地位。

要实现对外开放与中国工业相互促进共同发展的目标，一个重要的方面是要积极促进机电产品的出口。20世纪中期以来，初级产品和低档次制造业产品的国际市场相对份额有逐渐缩小的趋势，中国又是一个大国，某些出口商品已在国际市场上占较大份额，因此，如果继续以这些商品为主，出口增长将会碰到日益增强的障碍。目前中国一些大宗传统出口工业品如纺织品，在各主要出口市场上均已受到苛刻的配额限制。中国近些年来国内工业结构有显著变化，加工层次深、产品档次高、资本技术相对密集的行业和产品增长最为迅速，如家用电器、精密机械、输变电设备、运输设备等，为出口结构变化提供了规模庞大、技术较为先进、质量较有保证的国内产业基础，以这些产品为主的出口结构，才有可能保持持续的增长趋势。

转向以机电产品为主的出口商品结构，既与世界工业发展趋势合拍，又与国内工业结构转变和技术进步相辅相成，还较为符合中国的生产要素禀赋条件。机电工业是水平型国际分工，尤其是部门内和产品内分工最广泛的工业部门，在国际贸易中占有不断上升的显著份额。到80年代末期，世界贸易总额中，机电产品已占40%以上，纺织服装类只占5%左右，其他一些制造业部门如钢铁、石油化工，不仅所占比重较小，而且呈现出继续下降的趋势，因此，采取哪种出口商品格局，关系到出口市场容量的大小和扩张前景。80年代水平型国际分工程度最高的是运输设备、电气机械和非电气机械三大机电工业部门，其中汽车、通信设备、半导体、集成电路、电子计算机等行业既是增长最快的行业，又是国际广泛分工和大比例进行国际贸易的行业。

机电工业尤其是汽车、电子等行业将是我国产业结构转换和工业高速增长的主导产业。从世界工业化的历史看，如果国内的骨干产业能够与出口骨干产业相吻合,对于两方面都有巨大的推动作用。国内强大的产业基础可以为出口产业的发展提供技术和制造能力、国内市场、国内竞争压力等多方面的必要条件,使出口产业能够首先在国内迅速成长然后脱颖而出。如果出口骨干产业与国内产业结构和技术进步方向脱节,就会造成既要支持扶植国内新技术高档次的产业,又要支持扶植低技术低档次出口产业的局面,而不得不分散使用有限的财力、物力、外汇和技术力量,这将对国内结构转换和出口产业的发展产生不利影响。

机电产品出口在为工业高速增长和结构转换带来动态利益的同时,也比较符合中国的生产要素禀赋,使出口具有比较好的静态利益。中国的人均自然资源拥有量并不丰富,许多重要物资甚至远远低于世界平均水平,因此,那些初级产品含量高、加工深度低、附加价值少的产品,即使劳动相对密集,也不是我国长期的优势产品。机电产品是深加工、高附加价值的产品,产值中初级产品的含量较少,而且随着产品和技术向更高档次的不断转换,同样数量的初级产品上的附加价值可以不断增加。此外,机电产品门类和品种很多,有相当一部分是劳动—技术密集型,如飞机制造业、船舶制造业就很典型,力求多出口这类产品,对外经济贸易就能够发挥促进工业发展和取得比较利益的双重积极作用。

中国机电产品出口的巨大潜力在以往 10 多年已经显露出来,机电产品出口额已从 70 年代末期的几亿美元增加到 1995 年的 438.6 亿美元,占出口总额的比重已达 30%。从国内产业已达到的规模、技术水平和国内市场的竞争程度等因素考虑,预计到 20 世纪末期,中国机电产品的出口额能达到 800 亿—900 亿美元,占出口总额的比重接近一半,其中中档机电产品和非关键零部件将占较大比重,某些产品则可达到世界先进水平,中国商品在国际市场上的形象将显著改善。从 2010 年开始或稍后一点，中国将成为中高档机电产品的出口大国，其中中高档船舶、汽车及零部件、飞机及零部件、机床、视听设备、通信设备、输变电设备等行业，都可能成为全球性的重要生产大户。从这一时期开始，中国机电产品在国际市场上将完全改变低档廉价货的形象，深加工高附加价值高技术产品的比重不断增加，单位产品的售价不断上升，机电产品出口的外汇收入因此将比出口规模以更快的速度增长，使机电产品占出口总额的比重继续上升，而且中国将掌握相当比例的关键技术、最新技术和重要零部件的制造能力。到这个时期，标有"Made in China"（中国制造）字样的中高档机电产品将出现在世界各地，为中国树立起新兴工业强国的形象。

# 第七章　加入世界贸易组织：机遇与挑战

在未来几年，加入世界贸易组织是我国工业化过程中的一件大事，会对我国产业结构和企业组织产生多方面的影响。

中国是关贸总协定的创始国之一。1986年7月，中国正式要求恢复中国在关贸总协定中的缔约国地位。与此同时，我国按照关贸总协定的要求对贸易体制进行了实质性的改革。本章分析中国加入世界贸易组织的可能性、加入世贸组织对中国工业发展的可能影响及政府和企业应该采取的对策，以使加入世贸组织成为推动而不是阻碍我国工业持续增长和结构调整的因素。

加入世界贸易组织之后，我国企业不可避免地将在更开放的市场竞争中发展，但是这并不等于说在国内产业发展和国际竞争力提高的过程中，政府将不再承担应尽的职责。其他国家的实践表明，政府仍然可以通过种种可行的方式，在保护国内产业和增强企业国际竞争力方面起到不可或缺的重要作用。

对大多数非重点保护行业的企业来说，除了尽快在降低成本、提高质量、提高技术水平等一般性因素上提高竞争力外，企业行为的调整和必要防御战略的采用，对确保原有市场份额和开拓新市场也将起到重要作用。

## 一、"复关"的目的

关贸总协定的全称是"关税与贸易总协定",英文缩写"GATT"。关贸总协定是一项有关关税和贸易的多边国际协定,其宗旨是通过降低关税和减少非关税措施,促进国际贸易的发展。关贸总协定的成员称为关贸总协定的缔约方,到1994年底,关贸总协定共有109个缔约方和20多个适用关贸总协定的国家和地区。这些国家和地区占世界国家总数的三分之二以上,它们之间的贸易量占世界贸易总量的80%以上。关贸总协定与国际货币基金组织、世界银行一起,构成了战后全球协调国际金融、国际投资和国际贸易的三大支柱。

关贸总协定自成立以来,经过多轮关税减让谈判,取得了明显的成就,缔约国关税已有较大幅度的削减,非关税贸易壁垒也受到一定约束。目前关贸总协定所涉及的问题已经从国际贸易领域扩展到国际投资、服务贸易和知识产权保护等领域。从1995年开始,世界贸易组织已经取代关贸总协定,成为世界贸易的协调管理组织。

中国是关贸总协定的创始国之一。1986年7月,中国正式要求恢复中国在关贸总协定中的缔约国地位。与此同时,我国按照关贸总协定的要求对贸易体制进行了实质性的改革。中国申请恢复关贸总协定缔约国的地位,主要有以下几方面的考虑:

**(1)改善贸易环境,促进我国经济发展**

改革开放以来,中国的对外经济贸易发展迅速,在世界贸易中的地位不断上升,中国的经济发展与对外贸易的相关性显著增强,受国际经济贸易环境的影响十分明显。中国由于具有明显的低劳动成本的优势,出口商品在国际市场有较强的竞争力,出口增长较快,已经成为一些国家尤其是发达工业化国家歧视性贸易措施的重要目标。

各主要的工业发达国家都不同程度地对我国实行有条件或有限度的最惠国待遇,歧视性的数量限制及滥用不合理的建立在歧视性标准基础上的反倾销反补贴措施等不正当的贸易限制政策。如果我国能够恢复关贸总协定缔约国的地位,就能依据关贸总协定的有关条款,在我国许诺进行贸易政策调整的同时,要求其他国家也改变对中国的歧视性贸易政策。

(2)强化国内竞争环境,促使企业提高效率

虽然我国工业与发达工业化国家相比相对落后的状况有多方面的原因,但长期过高的关税保护、国内企业感受不到与国际先进水平的差距、缺乏激烈的外部竞争压力和缺少与国际先进工业体系的多方面联系,也是一个非常重要的原因。因此,对国内产业的保护程度过高和保护期限过长,是不利于本国现代工业发展的因素。与改革开放较早时期相比,我国工业对外来冲击的承受能力已经明显增强,进一步降低保护程度,使国内企业在更激烈的外部竞争中向国际水平靠齐,对相当一部分产业来说是非常必要的。然而,对国内市场的过分保护,会引起其他国家的不满甚至采取相应的报复行动,形成不利于我国出口商品的环境,损害出口对我国经济的带动作用。

(3)全面参与国际经济与政治事务

从80年代中期以来,世界上东、西两大集团政治、军事上的对峙局面明显缓和,更为错综复杂的"商战""经济战"成为国际关系中的主要问题。对国际经济事务的发言权和影响力,成为决定一国国际地位的主要因素。中国已经先后恢复了在联合国的席位、在国际货币基金组织的席位和在世界银行的席位,但关贸总协定缔约国的地位却一直没有恢复。而关贸总协定在国际经济事务中尤其是国际贸易中发挥着重要的作用,这种作用还在进一步向投资、服务贸易和知识产权的领域扩张,成为调节各国经贸关系的集中场所。中国要在国际经济事务中

取得发言权和争取到有利的国际经济贸易环境,需要在关贸总协定中全面发挥作用。

## 二、国际经验比较:"入关"冲击波

加入世界贸易组织虽然有上述有益之处,加入世界贸易组织也会产生多方面的冲击和不利影响。

加入世界贸易组织的影响首先在于,减少对国内产业的保护有可能对国内相当一部分产业形成冲击。目前西方发达国家的加权平均进口税率已降至5%左右,发展中国家平均水平已降至15%左右。我国目前由于种种原因,进口关税仍然高于发展中国家的平均水平,我国在谈判中承诺的首要义务是降低关税。世界贸易组织还要求一般禁止使用非关税手段如进口配额、进口许可证等数量限制手段保护国内市场,而我国仍在使用较多的这类手段,也与世界贸易组织的要求不符。我国政府在加入世界贸易组织谈判中已经许诺要削减一部分非关税措施。从1996年4月1日起,中国又一次较大范围地改革和调整我国的进口税收政策,将我国进口关税总水平降至23%。这次关税下调,涉及4997个税号,占税则税目总数的76.3%,降幅达35%,是新中国成立以来我国进口税率下调涉及范围最广、幅度最大的一次。在这样短的时间内将关税水平下调这样大的幅度,在世界各国也很少见,因此,国内外各方面对此都很关心,有观点认为这次调整将对国内企业形成明显的冲击,进口商品价格会大幅度下降,外汇储备将急剧减少、一大批国内企业会陷入困境,国内产业结构将迅速变动。如果中国继续进行加入世界贸易组织的谈判,还会进一步开放贸易体制,这是否意味着"洋货"将长驱直入、国内产业将受到更严重的冲击呢?

其他国家的经验有一定的参考价值。在中国之前,已有100多个国家成为总协定的缔约国。在已经"入关"的发展中国家和地区中,有一些与中国当前的国内国际环境有可比之处,从它们"入关"的经历中,可以得到对我们有用的经验与教训。

从总体上看,因"入关"而对国内产业形成剧烈冲击的是少数,对大多数国家来说,"入关"并没有对其国内工业发展和对外贸易状况形成严重的冲击。我们选取了 12 个较有可比性的国家进行分析,它们是印度、巴基斯坦、菲律宾、巴西、澳大利亚、土耳其、哥伦比亚、日本、意大利、泰国、韩国和墨西哥。它们是一些较大的国家,在"入关"时已有一定的工业基础,但与发达国家相比竞争力较差,同时又有建立本国现代工业体系的目标。因此,它们的经验对中国有较好的借鉴意义。通过分析可以得到以下启发:①

第一,因"入关"而受剧烈冲击的国家是少数。"入关"后 5 年内,印度、巴基斯坦和菲律宾的对外贸易年均增长为负值,巴西、澳大利亚、土耳其和哥伦比亚对外贸易的年均增长率低于 3%,日本、意大利和泰国的年均增长率在 12%—14%,只有墨西哥的年均增长速度高达 22%。

第二,有一定工业基础的国家,整体上耐受冲击的能力比事先想象的要强,但是有两点因素要特别注意,一是出口能力的增强要放在第一位,否则开放的贸易体制不能持续下去;二是来自因贸易自由化而受损失的利益集团的压力不能忽视,要采取措施缓解这种压力。

第三,在保护政策较大幅度减少的前提下,仍有许多减弱冲击的对策可以采用,有直接的和间接的,有贸易政策和非贸易政策,有政府的政策,也有企业的对策,还有体制方面的改革和政府行为的调整,都能在不违背关贸总协定原则的基础上,有效保护本国产业和支

---

① 更详细的情况可以参见江小涓等:《减弱"复关"冲击的国际经验比较》,经济管理出版社 1995 年版。

持出口产业。

第四,扩大对外开放和制定有关减弱冲击的对策是相辅相成的。在我们研究的国家中,有些没有采取有效的对策减弱冲击,对外开放过程因对外贸易出现严重逆差和国内产业受到严重冲击而多次被打断。对外贸易体制至今距关贸总协定的要求相差甚远。

第五,在对企业微观行为放松管制的同时,调整总体贸易状况和贸易水平非常重要。如果顺差过大,会受到外部要求进一步开放市场的强大压力,而逆差过大,对进口的重新管制在所难免,会打断外贸改革过程。

总之,从其他国家的经验看,即使加入世界贸易组织后对国内企业的保护程度明显降低,政府和企业仍可以用许多方式采取有效措施,增强国内企业的抗冲击能力。同时,经济状况本身的变化也有自我调节的机制,如果在短期内有大量的进口商品冲击国内市场,外汇就会紧张,人民币会进一步贬值,从而使进口商品的价格上涨,反过来增强国内产品的竞争力,抑制对进口商品的需求。此外,如果因进口商品过多发生了过大的贸易赤字,或对国内产业造成严重冲击,使企业严重开工不足,工人大量失业,政府都可以采取相应的措施,重新对进口加强控制,这些做法都是世界贸易组织所允许的。因此,虽然加入世界贸易组织必然会对国内产业形成一定的冲击,但只要政府政策调整和企业战略调整得当,就不会形成对国内产业的全面冲击。

## 三、政府职责的转变

支持本国产业发展是政府义不容辞的职责。虽然不同国家在不同时期,支持的形式和程度不同。在国内产业总体竞争力较弱时,政府总是采取较强的保护措施,当本国产品出口受阻时,政府往往会加强对出口产业的支持。当然,如果一个国家在整体上具有较强的竞争力,政府可以放心地减少支持政策,并以"维护自由贸易体制"为理由,要求其他竞争力较弱的国家开放其市场。美国是关贸总协定的发起国之一,历来在关贸总协定内起重要作用。然而,1993年9月,自诩奉行"自由贸易政策"的美国政府,面对美国产业出口竞争力下降的事实,公布了新的"国家出口战略",准备推行从支持出口商到政府官员去各国游说的一系列促进出口活动。实际上,美国政府不仅采取鼓励出口的措施,也在针对一些本国产业不具备竞争力的领域,推行市场保护政策。①

日本早在1955年就已经"入关",但日本政府自从50年代末期以来,对外贸易政策的一个基本方面,是为国内企业创造较好的出口环境和努力保护本国市场不受进口商品的冲击。以此为起因的"日美贸易战""日欧贸易战"已进行多年。进入80年代以后,随着国内产业竞争力的增强,日本政府才逐步减少对国内市场的保护,但至今仍在一些关键领域竭力维持保护政策。②

韩国1967年"入关",然而其一些"战略性行业"的国内市场迟迟不对外开放,直到80年代对外贸易出现大量顺差、国内企业的竞争力有明显提高之后,才大幅度地减少有关保护和支持政策。③

其他一些较有成效地推进本国工业化过程的国家尤其是发展中国家,政府在支持国内产业和促进本国企业增强国际竞争力方面都发挥了重要作用。即使"入关",也尽可能地推迟国内市场的开放时间和采用其他政策,加强对国内产业的支持,以避免国内企业不堪进口商品的冲击而失去生存和发展的机会。加入世界贸易组织以后,我国以往实

---

① 关于美国市场保护政策的研究,可以参见李海舰:"美国市场保护政策分析",江小涓等《减弱"复关"冲击的国际经验比较》。

② 关于日本保护政策的研究,可以参见江小涓等:《减弱"复关"冲击的国际经验比较》,第3章、第5章和第11章。

③ 可参见上书,第3章、第5章和第11章。

行的一些保护措施会逐步取消或削弱,我国企业不可避免地将在更开放性的市场竞争中发展,但是这并不等于说在国内产业发展和提高国际竞争力的过程中,政府将不再负有责任并不再采取适当的措施。恰恰相反,其他一些国家的实践清楚地表明,政府仍然可以通过种种可能的方式,在保护国内产业和增强企业国际竞争力方面起到不可或缺的重要作用。

当然,政府这种职能的发挥,不可能再采取以往那种用高关税、进口配额等保护政策为主的方式。今后国内产业升级过程,不可避免地要在更加开放的竞争环境中进行。政府在这一过程中的重要作用,主要体现对国内产业尤其是代表产业结构升级方向的产业的支持政策上。此外,政府将尽可能地利用世界贸易组织所允许的手段和方式,继续对国内产业进行一定程度的保护。

从其他国家的经验和我国的实践看,政府今后应从以下方面发挥作用:

**(1)利用法律手段保护国内产业**[①]

当前,在世界主要贸易国和一些进行贸易改革的发展中国家的非关税保护手段中,新贸易保护法律是其中的重要内容。

近些年来,在出口方面,我国在一些主要出口市场上频频碰到以法律形式出现的贸易障碍;在进口方面,其他国家在向我国的出口中采用了不正当做法的情况不少。相比之下,我国没有相应的法律对国内企业和出口企业进行合理的保护,使之不受一些不正当贸易行为的损害。

一些国内产业国际竞争力较弱的国家在"入关"前后或进行贸易体制改革时期,都注意加强贸易立法,利用法律手段保护其民族工业。

澳大利亚在西方国家中是一个制造业竞争力相对较弱的国家。近

---

① 本节以下部分的内容可参见江小涓等:《减弱"复关"冲击的国际经验比较》,第3章和第12章。

几年澳大利亚的关税水平大幅度下降,进口配额明显减少。与此同时,政府为了防止进口商品对国内产业的严重冲击,明显加强了反倾销手段的使用,并将审理倾销案的时间大大缩短。澳大利亚国内和国外有评论认为,在澳大利亚现有的进口关税、进口配额、进口许可证和反倾销措施这四种进口控制措施中,反倾销已经成为最重要的控制手段。

墨西哥在1986年"入关"以后,贸易自由化过程进展较快,但是在进口增长较快的同时,出口能力的增长较为缓慢,商品贸易逆差严重。为了维持经常项目逆差保持在一个可承受的程度上,墨西哥政府明显加强了利用反倾销措施限制进口。墨西哥反倾销的重点是与其国内产业结构相同的国家的出口商品,中国是墨西哥此次大规模开展反倾销以来最大的受害者。

1993年中国台湾地区通过的所谓"贸易法"在确定了自由贸易与贸易互惠原则的同时,还有关于使用反倾销手段和其他手段保护岛内产业的内容。其中规定,在外国以补贴手段或倾销方式对台出口使台湾产品竞争受到威胁或阻碍台湾相关产业的发展时,要征收平衡税或反倾销税。

我们如何在减弱与关税总协定明显冲突的保护措施的同时,采用合乎国际惯例的法律手段加强对国内产业的保护,是一个有待开拓、很有潜力的领域。

**(2)建立能够增强企业国际竞争力的生产支持体系**

多数国家都在不同程度地使用生产支持手段支持出口产品的生产。对中国来说,并没有充分利用那些国际上较为常见的生产支持手段,为我国的出口生产企业创造有利的生产条件。因此,今后我国在降低、取消一些明显违背关贸总协定规定和国际上习惯做法的直接出口补贴的同时,在调整我国的出口生产体系、使出口生产面对更有利条件的方面,还有许多工作可以做。例如,优先建设与出口有关的基础设施如港口、保税区、重点出口生产区等,都能使出口生产企业降低成本、保证企业能够按时交货、能够及时调整生产结构以适应国际市场需求的变化等,增强企业的国际竞争力。

(3)加强出口金融支持体系的建设

出口金融支持系统是出口生产支持体系的一部分。在第二次世界大战之后,随着国际市场竞争程度的增强和出口更多地趋向于制成品和大型成套设备,出口金融支持体系在全球范围内的应用十分普遍。出口金融支持体系主要包括中长期的研究与开发贷款、出口融资和信贷担保。研究与开发贷款支持有关技术先进的制造业产品的开发与研制工作,这些商品多是为了适应国际市场的需求结构,有相当一部分具有开发周期长、资金投入多、风险较大的特点,需要政府给予一定的支持,才能促进国内产业结构的升级和出口商品结构的优化。出口融资是一种直接增强企业国际市场竞争力的政策性融资,在机电产品和大型成套设备的国际贸易中,出口信贷已被各国政府普遍作为促进本国产品出口的措施。因为较大型设备的出口从接受订单到制成产品出口装运之前,需要较长的时间和大量的投入,有时还需要较多的外汇支付必要的进口,买方往往还要求提供卖方出口信贷,因此,及时便利的出口融资十分重要。实践表明,出口信贷在帮助企业出口机电产品和大型成套设备时十分重要。随着机电产品出口的增加,我国原有的机电产品和成套设备出口专项信贷基金暴露出数量少、条件严、手续不便的问题,需要尽快改善。

(4)充分利用出口补贴以外的补贴增强企业的国际竞争力

关贸总协定不禁止一国采用不专门针对出口产业的一些补贴措施,即所谓的出口补贴以外的补贴。具体地讲,这些补贴是为了推行一些社会和经济政策目标,这些目标包括以下几方面的内容。一是消除特定地区的工业、经济和社会的不利因素,二是为了促进国内某些部门的结构调整,三是为了维持就业和为了使就业者改变职业而进行的培训工作,四是促进科学研究与技术开发,尤其是高技术行业的研究与开发活动,五是为了执行促进发展中国家经济和社会发展的有关规划和政策,六是促进工业更合理的布局,等等。为了达到上述目标,政府可以采取对企业进行资助、贷款、担保、支持性服务、入股等补贴手段。可以看出,这些补贴手段如果运用得当,可以在达到其主要目标的同时,起到支持国内与进口商品竞争行业的发展和促进出口生产发展的作用。例如,对高技术工业研究与开发项目的资助,在有利于有关行业整体发展的同时,可能特别有益于某些出口生产企业解决它们出口产品中的关键技术难题;再如,为了解决一些地区的就业问题和某些行业的调整问题而采取的措施,可以和促进国内企业提高国际竞争力的努力结合起来;还有资助或直接组织对技术人才和工人的培训,对与外贸有关的人员进行业务和技能训练等活动,都能有效地降低生产成本和销售成本。

(5)形成有利于加强企业国际竞争力的制度环境

我国以往对外经济体制方面存在着一些明显不利于国内企业提高国际竞争力的弊端。从制度方面增强企业国际竞争力的显著优点是,那些能够显著增强企业竞争力的改革措施,不但不会引起其他国家的非议,而且还使我国的对外贸易体制向更符合世界贸易组织要求的方向转变,能够减少其他国家以我国的外贸体制与关贸总协定的要求不符为理由与我国产生贸易摩擦与纠纷。从工业企业的角度讲,最重要的是通过扩大工业企业的对外自主权提高企业的国际竞争力。工业企业对外自主权最重要的意义,在于它消除了外贸收购制在国内企业和国外市场之间形成的"隔层",使工业企业能够直接与国际市场接触。深加工制成品尤其是较为复杂的机电产品的出口与初级产品的出口相比的不同之处,是非价格竞争因素对产品的竞争力有重要影响。

韩国三星集团为了在国外市场推销产品,其设计人员和工程师不仅直接与购买商接触,就连去国外出差,也常常直接到商店里访问顾客,询问他们的喜好和要求,因为他们感到仅仅从电话、电传、购买商的描述等方面了解消费者的需求还很不够,例如,从一般描述中仅仅可以知道某个国家的顾客喜欢红色的微波炉,但不能够具体地了解是哪一种红色,然而在红色这个范围之内,颜色上的细微差别很可能影响市场需求。

可以看出,国际市场对机电产品的要求是严格的,产品质量、性能、技术档次、外观、包装、交货期以及售后服务等许多非价格因素,都会影响产品的竞争力。即使是同类产品,各个客户都可能提出一些非常个性化的具体要求,如果生产企业不能直接与客户接触,不能全面了解国际市场的需求变化,产品在设计、制造、推销方式和售后服务等方面出现哪怕是细枝末节上的失误,都可能失去潜在的国际市场。给予工业企业对外自主权,并不是说有进出口业务的工业企业都要直接从事对外贸易。准确地讲,工业企业对外自主权,是指企业有权自主选择对外贸易的具体形式,工业自营出口、外贸代理制和外贸收购制,都是可供企业选择的对外贸易形式。当然,如果我国能尽快形成一些大型综合外向型企业,将会明显增强我们在国际市场上的竞争力。但是,大型综合型贸易集团和大型外向型企业集团的产生与发展应该主要出自市场竞争过程。没有激烈的市场竞争过程,而是由政府用行政方法组建少数垄断型企业集团,划定它们各自的经营范围,迫使其他企业经过这些指定的外贸企业进行对外贸易,这样形成的对外贸易企业从交易规模上看可能是大型的,但也很可能是低效率的,我国以往由少数外贸公司进行垄断性对外贸易的经历清楚地证明了这种可能性的存在。只有给予各种企业普遍的对外贸易自主权,才能在对外贸易中形成公平竞争的环境,以这种环境为基础,辅之以政府有利于大型外向型企业尽快增强国际竞争力的政策，才能产生出具有高效率经营素质的大型外向型企业集团和综合商社。

（6）在某些特殊领域中政府作用的强化

从国际经验看，政府还应该从以下几个方面加强对国内产业的支持。

大型成套技术设备尤其是技术水平较高的成套技术设备的引进、消化、吸收和推广过程，是需要政府发挥重要作用的领域之一。这类项目引进和建设期间需要巨额的外汇和人民币配套资金，在我国目前的企业规模基础上，单个企业一般无力承担，需要政府进行多方面跨部门的统筹协调，政府往往是主要的投资者或重要的参与者。这类项目在一定时期内为数有限，政府具备进行直接干预和做出决策的能力。尤其在引进技术设备之后，消化吸收和仿制工作需要大量资金、较长时间和跨企业跨部门的联合攻关，例如大型石化设备的仿制，不仅涉及众多的机械行业，还要求金属材料、非金属材料、石油化工、纺织、电子等许多部门相关技术的同步提高，需要政府进行组织和协调工作。

国内高新技术产业的发展，除了需要在引进技术和消化吸收过程中得到政府的帮助之外，政府购买也是一项重要的扶持措施。虽然关贸总协定东京回合形成的"政府采购协议"要求政府采购不能优待本国企业而歧视外国企业，但实际上，各个国家都在不同程度地运用政府采购手段，支持本国产业尤其是高新技术产业的发展。在20世纪六七十年代，日本的计算机工业的发展曾明显受到政府采购的有力支持；美国的国防部和财政部以解决国际收支为由，优先购买比外国商品贵得多的美国货；英国限定通信设备和电子计算机要从本国公司购买；法国政府规定优先购买本国的航空设备和计算机设备等。这仅仅是一些有明确规定的措施，据估计，实际上在政府授意和劝说下优先采购本国商品的行为要比上述提到的方面宽得多。此外，在有些国家，由于政府倡导和政府官员的身体力行,使用本国产品成为一种社会崇尚的行为。日本、韩国在这方面有成功的经验可以借鉴。

政府需要关注进出口平衡问题,这对一个国家在国际贸易中的处境有重要的影响。在一段时期内,对外贸易出现一定幅度的顺差或逆差是难免的,没有必要要求年度之间的完全平衡,但是,连续的贸易失衡是应该防止的。连续逆差造成的问题比较好理解,但连续出现顺差也会带来一些问题,首先就是贸易摩擦问题。当一国出现顺差的时候,也就会有其他国家出现逆差,特别是当进出口国家比较集中时,存在逆差的国家势必向出现顺差的国家施加很强的压力,要求保持双边的贸易平衡。为了达到这个目的,就会对该国的贸易体制和贸易政策严加挑剔,在更大范围内引起贸易摩擦。

政府还应该协助企业从事全球性信息收集和出口促销活动。建立全球性的信息网络和在国际市场上进行全面的促销活动,是对规模经济有很高要求的行为,在我国全球性综合性国际企业尚未成为国际贸易的重要力量之前,单个企业要有效地从事这类活动比较困难,需要政府机构或准政府性质的贸易促进机构协助,如国际贸易促进会、国际贸易商会、出口商协会等。这些非营利性的机构在世界主要城市设有分支机构,收集各种信息,向国内众多企业提供商情服务和协助它们开拓国际市场。

政府的另一项不可替代的作用,是利用各种途径减少及缓和国际贸易摩擦,为企业争取宽松的国际竞争环境。中国巨大的国内市场为各国尤其是工业化国家所向往,使得这些国家在制定对华贸易政策,尤其在制造对华贸易摩擦时有所顾虑,如何利用我国的这种谈判力量很有回旋余地。在这方面,政府应该有明确的主导方针,综合运用各种外交手段,甚至在其他一些方面做出无碍大局的让步和妥协,为企业换取有利的国际环境。政府各驻外机构应及时了解国外企业、行业、议会和政府中有关对华贸易问题的动向,在问题刚露苗头时及时采取措施。根据有关报道说,日本、韩国和中国台湾在华盛顿长期驻有耳目灵通的院外游说人士,与其出口有关的方方面面一有风吹草动,马上就可以采取行动,这比事态明朗之后再进行协商容易见效。政府在这些方面有许多可能的方法减少我国出口商品碰到的阻力。

(7)保持宏观经济形势的稳定性

宏观经济形势的稳定对于贸易体制改革能否成功有着决定性的影响。进行改革的时期如果存在着严重的通货膨胀问题,政府往往将被迫采取对贸易改革不利的政策。虽然通货膨胀是由货币发行过量,尤其是为了弥补政策财政赤字而超量发行货币引起的,但政府往往试图通过维持较高的汇率水平来抑制通货膨胀,目的是通过压低进口货物的价格来抑制通货膨胀。但是,由于国内存在着严重的通货膨胀,本币实际上已经贬值,因此,人为地维持较高的汇率,不仅有悖于贸易体制改革对汇率现实化的要求,而且使本来已经高估的本币进一步升值,明显抑制了出口企业的积极性,同时,对进口的需求进一步增加,这两方面的因素加在一起,会引起严重的国际收支问题,随之而来的只能是重新加强对进口的数量管制和对出口增加补贴,既打断了外贸体制改革,又加重了政府财政负担。已经发生的外贸赤字不得不通过借债弥补,又加重了债务负担。

总之,加入世界贸易组织之后,在以往不符合世界贸易组织有关条款的保护政策减少的同时,政府是能够以世贸组织允许的方式,在促进我国企业增强国际竞争方面发挥重要作用的。

## 四、开放环境下的企业战略

随着我国开放程度的加深和加入世界贸易组织后贸易体制不可避

免的改革,高关税、进口配额等由政府行为构成的"政府壁垒"将要削减。在这种状况下,对大多数非重点保护行业的企业来说,"企业战略壁垒"对企业确保原有市场份额和开拓新市场的作用上升到了十分重要的地位。根据我们对其他国家的一些企业在其本国尚处于相对落后阶段时成功地与进口商品和国外投资者进行竞争的经验分析,在一国扩大对外开放度、放松贸易政策的阶段,国内企业除了尽快在降低成本、提高质量、提高技术水平等一般性因素上提高竞争力外,有效的防御战略至少还可以包括以下几个方面:

**(1)生产系列化与产销网络一体化**

生产系列化与产销网络的一体化,其作用是封锁国外竞争性商品的入口。比较而言,日本在这方面的经验最为突出。

日本企业的产销一体化及其国内巨大的纵向销售网,是国际社会公认的日本市场难以进入的主要因素之一。美国经济学家加里·萨克森豪斯在研究日本市场时给"企业系列"下的定义是:一个宁愿从它自己内部而不是外部购买东西的集团。在日本制造业中,大型企业大都建有本企业的巨型销售网络,网络按地区、产品或顾客类型构筑,或者将这几种类型混合在一起。在汽车制造业中,各汽车厂都有自己的销售网络,企业内部形成了"制造厂——销售事业部——特约经销店——经销点"的组织形式。据统计,日本的大型制造厂商,其国内销售量的80%以上,都是通过本企业的销售网络完成的。日本还有广泛的工商结合的销售网络,其中既有排他性较强的制造商——特约经销商这种形式,也有制造商——指定销售商这种排他性较弱的形式。但无论哪种形式,制造企业和销售商之间都具有一种长期、稳定和某种程度上排他的密切关系。这种产销结合的方式较多地存在于大宗、无差别、无较多售前售后服务要求的产品的生产销售中。

制造厂销售网络有着显著的排他性,专销或主要经销本企业生产的产品,当国内企业的销售网络覆盖了国内市场80%以上时,国外产品进入国内市场的困难就可想而知。特约经销商和指定经销商等工贸结合的销售网络的排他性要差一些,但制造厂和经销商之间仍然有着密切的长期协作关系,使国内企业的产品在销售中处于有利的地位,尤其是综合商社,在国内有着由上百家销售店组成的纵向销售网络,对国内市场的控制力较强。显然,"外来的"市场占有率不高的商品,由于缺乏庞大的销售网络的支持,在竞争中处于不利的地位。

**(2)提高国内市场竞争强度,提高进入成本**

在一个不允许外国竞争者进入的封闭市场中,国内企业希望竞争者愈少愈好。然而,当面对开放的市场和国外实力更强的竞争者的进入威胁时,国内竞争者的存在可以成为一种防御外部竞争者进入的力量。首先,竞争者的存在可以增强国内企业提高竞争力的压力和动力,有研究表明,在一个国家内,那些国内市场竞争激烈的行业与那些市场垄断程度高的行业相比,前者与国际先进水平的差距要小一些。其次,由于有较多生产者存在,各个企业都致力于市场开发活动,会使某类产品的市场开发行为的投入总量较大,可以迅速地开拓市场和增加供给能力,抢先较大份额地占有国内市场,以避免把国内容量较大的潜在市场留给外国竞争者。尤其在一些使用期限较长的耐用资本品和耐用消费品行业中,抢先占领市场是非常重要的竞争手段,因为即使国内企业的产品与国外进口商品相比在价格和质量上有一定差距,但由于市场已经趋于饱和,而更新尚需一个时间周期,国外产品的大量进入就会碰到市场容量的限制,这就为国内企业竞争力的提高争取到一定的宽限期。第三,只有少数企业存在时,企业的关注力往往集中在市场容量大、生产技术成熟、能够批量生产的产品上,一些小批量、技术难点多和有特殊要求的产品供给往往空位,形成所谓的"市场空隙",而这种市场空隙很容易成为外部竞争者无障碍的进入通道。当存在众多生产者时,不同规模、不同技术水平的企业可以从多方面填满各种档次和类型的市场需求,以防止外部竞争者以某一缺位产品为立足点而展开全面攻击。

**(3)在生产和服务上采取交叉补贴战略,最大可能地发挥低成本竞争优势**

交叉补贴战略是指一个企业同时提供一组彼此互补的产品和服务时,有意提高或降低某些产品和服务的价格,以提高企业综合竞争能力的战略。这种补贴的主要内容,是通过一部分产品或服务的低价竞争争取客户,同时用另一部分产品和服务的较高盈利弥补低价造成的损失。"互补产品"在这里的含义,是指这组产品或服务通常被同时购买或结合使用,因此一方面的损失可以用另一方面的盈利加以弥补。例如,将剃刀的价格定得较低而将专用刀片的价格定得较高、将整机的价格定得较高而将备件的价格定得较低、将产品售价定得较低而将安装维修费用定得较高、将设备价格定得较低而将消耗材料定得较高、将硬件设备价格定得较低而将软件价格定得较高、将胶卷价格定得较低而将洗相纸定得较高等。交叉补贴的战略在国际竞争中采用时,最适合于企业内一组产品和服务的价格之比与国际市场同样一组产品和服务的价格之比相比较有明显差异的情形。显然,我国许多行业就处在这种适宜的环境中。因此,交叉补贴是一种很适合我国企业采用的竞争战略。

**(4)产品形象重新定位**

在国际竞争中,当一个长期依靠某种产品形象在国内市场保持较强竞争力的企业因外部较强竞争者的进入而陷入困境时,针对变化了的环境重新进行产品形象定位,是企业借以恢复竞争力的重要手段。一些因成功地摆脱困境、重新恢复竞争力而著名的企业,有许多采用过"产品重新定位"的战略。日本化妆品行业中的一些企业,在国内市场相对较为封闭的时期,曾经长期宣扬"世界水平""全球销售"的产品形象,为了强化这一形象,企业不惜以很大的代价挤进巴黎、纽约等世界著名的化妆品市场,以"产品进入世界最高档次化妆品市场"作为开拓国际市场的"王牌"。然而当国内市场开始开放、国内市场真正面对国际名牌化妆品的冲击时,国内企业原来的产品形象处于不利的状况,因此纷纷改变企业产品形象,以"适合东方人皮肤的生理化学特征""专为日本女性设计""创造日本男人心中完美的女性形象"等口号,为企业的产品形象重新定位,收到了明显的效果,维持了一定的市场占有率。

(5)积极配合行业协会和政府机构的有关工作

行业协会和有关的政府机构在保护国内企业方面可以发挥多种重要作用。从多年来国际竞争的经验看,行业协会和政府机构在保护国内企业可能采取的措施中,有相当一部分需要企业界采取相应的积极态度才能顺利推行。例如,企业需要密切关注主要竞争对手在市场上的营销行为,一旦有非正常情况发生,就要及时向行业协会和有关政府机构通报。分析其他国家保护国内产业的实际行为就能看出,反倾销、反补贴等保护手段的采用,主要的起因是国内企业和行业协会提出的请求,主要的根据是企业和行业协会提供的情况与数据,由负有反倾销、反补贴责任的政府机构主动提出立案的情况比较罕见。在国内企业进入国际市场碰到不正常障碍时的情形也大致如此,因此当我国出口企业碰到非正常的贸易壁垒,如未获得应有的国民待遇、进口配额的分配上受歧视、不正当地被施以反倾销、反补贴措施、被施以不合理的苛刻技术和卫生标准及更多的关税与非关税措施等,都应及时向协会和有关政府机构反映并提出相应的要求。

上面提到的仅仅是企业面对更开放竞争环境时可以采用的战略中的少数几种,还有许多已经被证明是颇有成效的战略可以采用,而且有可能不断产生许多开创性的新战略。因此,面对更加开放的国内市场,国内企业并不是仅仅处在被动的地位。

不过,这里我们特别要指出的是,采用上述以及更多的战略手段以减弱加入世界贸易组织后的冲击,对国内企业来说是非常必要的,但是,这些手段不能代替企业在技术、质量、档次和管理水平等方面提高竞争力的根本性改进。从长期趋势看,提高抗冲击力的对策要建立在产品和服务本身具有一定竞争力的基础上,如果产品质次价高,服务水平低劣,则无论如何设计营销和防御策略,都不可能维持长期的竞争力。例如,本文提出交叉补贴战略,其目的是为国内那些竞争力不足的企业争取一段时间,用于提高生产技术和产品的档次与质量,增强自身的竞争力。因此,在相当程度上,这只是一种"权宜之计",不能因这种战略暂时有效而放弃在技术、质量和效率方面的持续努力。在许多行业中,"交叉补贴"战略的效果呈现出随时间递减的趋势,因为长期使用这种战略,会使用户和竞争对手形成一种反向战略。从用户方面说,它们可能只购买受补贴因而价格相对较低的产品,同时在内部形成生产备件和维修的能力,或者向另外一些价格较低的备件专营企业或专业服务企业购买配件和服务;从竞争对手来说,它们可能调整战略,专门生产和经营高盈利部分产品并提供相应的服务,如专门生产备件、消耗材料、专门从事安装和维修服务等,最终很可能使采取交叉补贴的企业陷入只剩下低价产品市场的困难境地。[①]

## 五、谁是竞争的主角

随着国内市场开放程度的扩大,组建企业集团、扩大企业规模、形成"国家队"以获得规模经济的益处,是中国进入加入世界贸易组织准备阶段后国内颇为流行的观点。的确,在一部分行业和企业中,这种趋势将会出现并带来明显的竞争优势,但与此同时,中小型企业仍将在国内产业增强竞争力、增强对"入关"冲击耐受力的过程中发挥重要作

---

① 参见江小涓等:《减弱"复关"冲击的国际经验比较》,第11章。

用，仍有广阔的发展前景。

在一些规模经济显著和国内市场竞争已经比较激烈的行业中，具有较高效率水平的大企业将通过扩大自身规模和联合其他企业两种方式扩大企业规模或组成企业集团，表现出较强的规模经济优势和市场竞争力。这种优势一方面通过提高生产效率、产品质量与档次、新产品开发能力以及促销能力等因素表现出来，另一方面通过拥有采用各种防御战略的能力表现出来。前面提到的形成全国性的排他性销售网络、通过纵向一体化控制供给者行为、通过交叉补贴增强一组互补产品竞争力等企业自我保护的战略，都是适合大企业和企业集团的战略。

但是，加入世界贸易组织可发挥大企业所具有的某些竞争优势，并不等于说中小企业将不具备竞争能力和发展潜力，中小企业在开放性的市场环境中仍有其自身的竞争优势。

中国是一个多年来存在着区域性市场的国家。虽然形成市场分割状况的体制性因素今后会有所减弱，但中国是一个地域广阔的国家，而且经济发展水平差距较大、运输条件不便、文化习俗的差异等因素在短期内不可能消除，因此在较长时期内仍将在一定程度上存在着多个区域性的市场。与此同时，有明显规模效益的行业只在整个工业中占一小部分，有大量的产业部门规模经济不显著或更适合中小企业发展，甚至有某些以往属于规模经济非常显著的行业和产品，由于新技术、新工艺的采用，对经济规模的要求明显减弱。例如一些发达国家的钢铁工业，由于电炉短流程工艺的采用，使一些按传统标准衡量属于中型甚至小型企业的竞争力明显超过大型特大型企业。从上述两个方面看，我国的中小企业不仅在市场开放之前能起到迅速增加供给、提高竞争强度的重要作用，而且在开放的市场条件下，仍能够在许多方面保持竞争能力。首先，由于国内运输条件的限制，远距离运送的大企业产品在交货期和运输费用等方面的竞争力较弱。其次，由于地区发展水平和其他条件的差异,地方中小企业的产品可能更适合当地需求的特色。第三,区域性市场可以使生产者和用户有多方面的密切接触,例如在建筑材料、金属制品、制衣、食品以及更多的行业中,生产者可以通过帮助设计、共同开发、辅导使用、随时修整、接样个别制作等方式,与用户面对面进行协商,在满足用户多样化、个性化的需求中显示出比大批量生产者更强的竞争优势。第四,我国各个地区的发展水平差距很大,中西部的乡镇企业在工资成本方面比国外和国内大企业有竞争优势。第五也是最重要的一点是,我国中小企业在以往 10 多年的开放过程中,显示出了参与国际竞争的能力。在以往采用进口配额、外汇管制等手段组成的外贸体制中,中小企业实际上处在一种相对受歧视的地位,因为政府只有限的信息处理和管理能力,只可能将主要的精力放在少数大企业和大项目上而忽视中小企业;在外贸管理体制的扩权性改革中,获得对外经营自主权的也是一些大企业。但是我国的中小企业即使在这种不利的竞争条件下,仍然显示出进行国际竞争的能力,在东南沿海的一些省市中,以往出口很少的中小企业已经成为出口的"半壁江山"甚至成为主力军。这种现象说明我国的中小企业确有其内在的竞争优势,在更开放的市场条件下,中小企业的相对地位会有所改善,只要产业选择合适,没有理由认为它们与大企业相比更不适合开放条件下的市场竞争。

总之,在未来几年,加入世界贸易组织是我国工业化过程中的一件大事,会对我国产业结构和企业组织产生多方面的影响。但是,在国内各界的共同努力下,在经受一定的冲击和进行必要的调整之后,前面几章描述的产业结构的升级和产业组织的优化过程仍会持续推进。加入世界贸易组织不会成为打断我国工业结构和产业组织向更合理方向和更高层次发展的因素。

# 第四篇 产业调整的政策分析

# 第八章　产业政策：工业化中的政府行为

> 基础设施建设、高技术、高风险行业的发展、反垄断和自然垄断行业的管制等，都是典型的"市场失效"问题，是市场经济国家政府干预经济的重点。

在市场经济中，产业结构的调整主要依靠市场机制发挥作用。经过16年改革之后，中国的经济体制已经发生深刻变化，继续较多地依靠政府的产业政策调整产业结构，已经很难做到，而且会引起较多的负面作用。与此同时，以市场竞争作为结构调整基本途径的条件已经具备，今后我国大多数产业结构问题，应该由企业在市场机制的引导下自主进行。

由市场机制调整结构的思路适合大多数现存的结构问题，但是并不排除在少数问题上继续保留甚至加强政府的产业政策。如基础设施建设、高技术高风险行业的发展、反垄断和自然垄断行业的管制等，都是典型的"市场失效"问题，是市场经济国家政府干预的重点领域，我国也需要在相应领域推行必要的产业政策。

## 一、结构目标多元化与政策困境

在70年代末期和80年代，产业结构问题有明确的含义，例如，行业之间比例关系问题主要是某些行业生产能力过大、而另一些行业生产能力不足的问题，通常被称为"长线""短线"问题。由于问题集中，产业政策的指向也相应集中。例如，政府可以很容易地发现哪些行业"长"、哪些行业"短"，并据此选择支持发展和限制发展的行业。在较长时期内，"截长补短"是产业结构政策最重要的目标。

　　经过15年的改革与发展，我国的产业结构状况发生了很大变化，首先就是绝大部分"短线"问题已有根本改观。经过多年的结构调整，到90年代中期，某个行业或某个大类产品在整体上仍处于"短缺"状况的情形已经很少。就连长期存在的能源、原材料、邮电通信、交通运输短缺等问题，在过去的两年中已有明显缓解。

　　按"短线""长线"来确定一个行业应该受支持、受限制的结构调整方式，对一个长期在中央集权体制下发展、普遍的"短缺"成为常态的经济来说是可行的。但是，当普遍的"短缺"已经解决、市场机制已能明显发挥作用时，再坚持这种结构标准，就不符合市场经济条件下经济发展的一般规律。因为在市场经济中，由于价格机制在发挥作用，竞争性行业中不会长期存在普遍的"短缺"问题。各个行业从整体上讲，都处在生产能力大于需求、企业之间存在激烈竞争的"长线"状况中。可以说，在市场经济中，经济在"长线"状态下增长是一种常态，企业要生存与发展，要靠在价格、质量、性能、技术等方面的竞争优势，与对手争夺有限的市场。因此，若以"短线"状况作为继续增长的前提，恐怕没有多少行业能有发展机会。如果以现有生产能力已经过剩为理由，限制新的进入者，就不会有激烈的市场竞争过程和产品与技术的快速升级换代。因此，在市场经济中，工业必然是一方面存在供大于求和现有生产能力开工不足的现象；另一方面又进行着大量在产品与设备更新基础上的投资活动。我国多年存在的"一边积压、一边生产"的问题，在很大程度上也属于上述范围，积压的产品和生产的产品同类但不同档、不同质，新增的生产能力和闲置的生产能力虽属同一行业，但后者不能替代前者。[①] 因此，用市场经济的观点看问题，如果仍以"长、短"作为制定产业政策的基础，在理论上缺乏依据，在实践中是不可行的。

实际上，随着"长线""短线"问题的缓解，中国的产业政策已经呈现出多元化目标的特征。

除了"截长补短"的目标之外，在过去的10多年中，产业结构调整的目标已经呈现出多元化特征。几乎所有的投资项目都能寻找到符合某个结构标准的理由：农业是国民经济的基础，与农业生产和农村建设有关的各类项目要支持；科学技术是第一生产力，与科学研究、科技开发、技术改造有关的项目要支持；基础行业的发展关系国民经济全局和增长后劲，有关项目要支持；新兴产业是先导产业应该得到支持；消费品行业关系到市场供应和人民生活水平的提高要支持；产品旺销的行业要求扩大生产能力，滞销的行业要求进行技术改造；规模大的企业要求受到照顾以扩大规模，规模小的要求增加投资以达到经济规模，还有第三产业要支持，出口企业要支持，等等。

由于"必保""该保""争取保"的项目太多，以至于非重点反而成为例外。可以说，10多年来，没有被某种结构目标涉及、找不到理由要求成为重点部门的非重点部门，恐怕只有政府行政管理部门。

在有些情况下，政府可以通过产业政策解决某些结构问题，促进特定部门的较快增长，如瞄准一些较高技术水平的先进工业部门，采用各种措施促进其较快发展。

但是，由于本国条件不适宜，这种方式可能代价很高。例如，生产一辆高级小轿车肯定比生产一辆微型面包车的技术含量高、单位产品的附加价值高，但是，当生产一辆高级小轿车的成本为微型车的10倍

---

[①] 例如，当小屏幕电视机生产线闲置时又建设大屏幕生产线、当半自动洗衣机生产线闲置时又建设全自动生产线等行为，都很有典型意义。

时，后者可能更符合目前的收入水平。

在中国今后10多年的增长中，多种技术档次的产品和技术将并存和共同发展，到底哪类产品和技术有更多的需求，仍要由企业自己在市场上进行鉴别和选择。

大量推行产业政策，还会诱发企业的不当行为。例如我国对一些能力过剩的行业采用"限产"的政策。如果由政府出面解决这类问题，往往采取按已有生产能力的一定比例分配生产配额的方式，反而使地方政府和企业不愿自动淘汰已无竞争力的设备，以求能得到更多的配额。如果不采用这种政策，这些设备在长期不能发挥作用之后，企业会自行将其淘汰。[①]

## 二、市场竞争与结构调整

遵照公平竞争的原则、通过优胜劣汰的过程选择产品和企业，是市场配置资源的方式，在这个过程中，社会资源不断地从旧产品移向新产品，从效率低的企业移向效率高的企业，因而决定着哪些行业和企业可以占用有限的社会资源。

同样在这个过程中，那些社会有较多需求但生产量较少的行业，就能获得较高的利润，吸引更多的资源进入这些行业；而那些有较多生产能力，但需求相对减少的行业，利润率会低于社会平均水平，资源的进入量也会相对减少。这个过程从社会资源配置的角度看，就是经济结构不断调整的过程，这是市场机制最重要的功能之一。在市场经济中，平等竞争的原则能够带来结构优化的结果。

---

① 例如，在80年代中后期，对家用电器生产企业所需的进口关键零部件，就采取过按已有生产能力的一定比例分配进口指标的办法，结果是一些明知已无市场前景的生产设备被保存在企业中，以求得到更多进口配额。

中国目前的增长环境和制度环境已经发生了很大变化。从80年代末期以来,一些以往阻碍市场机制发挥调整结构功能的主要因素已经明显弱化,市场机制有效调整产业结构的条件开始形成。一是基础产业、基础产品和加工工业之间的合理比价关系开始形成;二是一批有竞争力的大企业和企业集团已经形成,对大项目投资的愿望和能力明显增强;三是各种要素市场正在发育,特别是银行商业化改革和多种融资渠道,使企业初步具备了按照市场信号进行结构调整的能力。

与产业政策相比,市场机制调整产业结构还有两个重要的优势需要强调:

**(1)信息优势**

由政府判断结构问题和结构调整的方向时,由于其决策对"全局"有影响,需要收集和处理大量的信息,而且总感到有更多所需的信息没有得到或无法得到。在市场经济中,决策是分散做出的,处在某一特定位置、针对某一具体问题的决策者只需考虑很有限的信息,在相当多的场合,决策者所需的关键信息可以浓缩在特定商品的"价格""销售量""库存量"这样几种简单明了的信号上。

也许有人会说,政府掌握着"全面"的情况,可以从全局出发考虑问题。这的确是政府在信息方面所具有的优势。但是,对于大量具体问题的决策而言,政府所掌握的"全面"情况只是"有用信息"之一,不一定是最关键的,更不是唯一的,而且政府掌握的信息是完全可以通过各种渠道向公众公布的。

相反,掌握在大批分散决策者手中的信息和知识,可能对具体问题的决策至关重要。例如,政府掌握的信息表明,某个行业或产品出现了大量的积压现象,因此,政府感到需要制定政策,限制新投资者投资于该行业。这种汇总指标所提供的信息是"全面"的,但其信息量是有限的,积压可能是由于进入者过多引起的,可能是由产品质量方面的原因引起的,可能是由生产成本方面的原因起引起的,也可能是由促销手段方面的原因引起的,还可能有更多方面的原因。显然,如果一个新投资者能够在上述方面具有更强的竞争力,已有的积压就不能成为限制其进入的充分理由。但是,究竟哪些新投资者能够从哪些方面有所改进,只有当事人自己可以做出相对准确的判断。

**(2)充分利用分散的创新能力和发展机会的优势**

政府做决策时,利用的只是参与决策过程的少数人的知识和能力,看重的是已经存在的事态和机会,基本的思路是从已知的可能选择中择优而行。但是,引起结构变化和为经济增长不断提供新机会的,往往是那些具有创新性质的新事物,而不是现有机会的扩展。现代经济增长的历史表明,除极少数特殊情况外,大量的创新活动都是创新者自主和分散进行的。市场体制较之计划体制的优越之处就在于,它允许并且鼓励更多的人参与创新活动,使本来不存在的新事物不断出现,并且通过市场竞争,使那些符合社会需要的新事物不断地取代旧事物。在可口可乐出现之前,人们很难预计,在药房中能产生一种后来成为全球性饮料的市场容量极大的新产品。同样,在果茶出现之前,我国的饮料行业早已成为"长线",几种全球性"洋饮品"也已经占据了可观的市场份额,饮料行业被列为限制发展的行业。但是,果茶这种新型饮品硬是开辟出了一个容量很可观的新市场。在80年代末期和90年代初期,我国的汽车市场不景气,已有的汽车生产企业有较多产品积压,政府的产业政策要求严格控制上新厂,但是,一些新的微型面包车生产企业,却顺应需求特点,开创了一个年销十几万辆的新市场。当然,创新活动有可能成功也有可能失败,失败的尝试会造成一点资源的浪费,但是,在这些尝试中只要有少数成功者,就能为经济发展开辟巨大的新领域;相比之下,一个社会如果缺乏创新活动,几十年甚至更长的时期只是不断地在原有的产品与技术基础上从事经济活动,实际上是更大的浪费。

近二百多年来市场经济国家社会生产力的巨大发展有力地证明了前一点，而计划经济近几十年的经历证明了后一点。

## 三、产业政策的必要性及范围

在多数产业结构问题通过市场机制解决的前提下，在一些特殊领域推行产业政策很有必要。即使在市场经济国家，由于存在着"市场失效问题"，完全依靠市场机制并不能达到资源的最佳配置。对中国来说，由于第一，我国正处在高速增长中的结构剧烈变化时期，结构方面的问题较为突出，第二，我国正处在经济体制转轨时期，市场机制的作用不够健全，因此，与发达的市场经济国家相比，产业政策对我国结构变动的影响要更强一些。

产业政策的本质，是政府采取措施干预资源在产业之间的分配。显然，这种干预会使资源的配置方向不同于在市场机制引导下的资源配置方向。因此，要论证产业政策存在的合理性，必须证明这种干预所导致的资源配置方式，比单纯依靠市场机制配置能够增加更大的社会效益。

产业政策重点支持领域的选择取决于两个条件。一是存在明显的"市场失效"问题，二是推行产业政策引起的"政策失效"问题不会强于"市场失效"问题。在这样两个基准之上，需要推行产业政策的领域主要是与公共产品供给、高新技术行业发展、产业组织结构转变、自然垄断行业管制和增强企业国际竞争力等问题有关的领域。

**1. 与基础设施、基础产业有关的产业政策**

在过去 16 年中，基础设施和基础产业一直受产业政策的支持，理由是这些产业是"短线产业"和投资者不愿进入的行业。经过 16 年的改革与发展，相当一部分这类行业已有长足的发展，对投资者的吸引力也有根本改变，因此，今后不宜再继续笼统地以"基础产业和基础设施"作为产业政策的支持对象。

实际上，将基础产业和基础设施放在一起讨论是不恰当的。这两类行业虽然都呈现出"短缺"的特征，但其性质并不相同。基础设施应该作为"公共产品"进行讨论，而基础产业如能源、原材料等行业，并不具备这种性质，在市场经济中，不一定需要产业政策的特别支持。

目前我国基础产品生产能力已有长足增长。在经过1991年以来连续四年的高速增长之后，我国大多数基础产品的供给能够满足需求，其中一部分已明显地供大于求。考虑到中国经济发展已经达到了新的水平，经济增长对基础产品的依赖性会进一步下降，因此，可以判断这些产业的全面短缺情况已有明显改善。

总之，基础产业中的大部分已经不应继续享受特殊的优惠政策。因此，再笼统地以基础产业作为产业政策的支持对象已无必要。应该得到支持的只是一些特大型的基础建设项目，其理由是由于资金市场不发达、投资回收期长、风险较大等引起的"市场失效"问题，而不是"全面短缺"或"瓶颈行业"。

一些大型基础设施项目应该继续成为政策重点支持的对象，如铁路干线、公路干线、机场、港口、供水供电设施、通信设施等。这些项目既是公共产品，具有使用上的非排他性和利益上的非独占性，又是自然垄断行业，所需的投资量很大，一旦投入就成为沉淀资本，很难再抽回来。这类项目一般投资者不愿投资，因为得不到应有的收益。然而，经济发展却需要完善的基础设施，如果仅依靠市场机制，会使基础设施的供给严重不足。这就是在基础设施领域存在的"市场失效"问题，因此，基础设施是世界各国政府产业政策的重点支持对象。

不过，由于政府的投资能力和管理能力都有限度，对基础设施项

## 第八章 产业政策：工业化中的政府行为

目的支持也应该是有选择的。首先是选择的标准问题，基础设施不足和落后是一个较为普遍的问题，如何选择优先支持的项目？在这方面，最易引起争论的是效率与公平的排序问题，如果效率优先，则基础设施建设应首先满足经济发达地区的要求；如果是公平优先，则基础设施建设应将重点放在落后地区，带动这些地区的经济发展。其次，是基础设施项目中典型与非典型项目的区分问题。有些基础设施项目由于使用上的非排他性和利益上的非独占性非常明显，是典型的公共产品，如城市道路和其他公用设施，采用计次收费的方式交易费用太高，因此这类公用设施只能由政府提供。其他一些基础设施如铁路、公路、供电等，虽然也具有公共产品的性质，但却有可能按使用状况收费，因而有可能由非国有投资者建设，在政府的管制之下，对使用者收费，这类项目就不一定需要政府直接进行大量投资。[①] 第三，基础设施并不是建得愈多愈好。目前有些地方政府为了增加本地环境对国内外投资者的吸引力，竞相立项建机场、港口、高速公路等，要求中央政府给予投资。在我国东南沿海地带，有条件的地方都在争建大型、特大型港口。有些只相距100多公里、又有很便利公路运输条件的两个城市或开发区，都在争取立项建机场。但是，基础设施建设需要大量的投资，资金回收期又很长，因此，大规模超前兴建基础设施的做法并不可取。日本从50年代中期开始对铁路建设投入大量资金，国铁公司仍然认为投资量不足，促使政府持续大量投资，结果随

---

① 在一些市场经济国家，政府直接投资于基础设施的做法已经有所改变。70年代中期以来，各个市场经济国家都在进一步减少政府对产业的直接干预政策，其中一项重要内容，是将一些以往以"公共品"为理由由政府投资和经营的行业全部或部分交给私人企业建设和经营，目的是提高这些部门的效率和减少政府财政的负担，根据一些学者的研究，这种转变的确促进了效率提高。美国的情况可参见 A. E. Kahn, *The Economics of Regulation: Principles and Institutions*, MIT Press, 1988。日本的情况可参见〔日〕植草益：《微观规制经济学》，朱绍文等译，中国发展出版社1992年版；英国的情况可参见 J. Vickers & G. Yarrow, *Privatization: An Economic Analysis*, MIT Press, 1988。

着公路运输的兴起,国铁公司长期陷入运力过剩和亏损状况。这些教训值得我国及早给予关注。[①]

**2. 高新技术产业的产业政策**

支持高新技术产业发展和一些高投入、高风险的重大技术项目的研究与开发行为,是产业政策的一项重要内容。其理由主要有以下几个方面:

**(1)研究与开发成果具有公共产品的性质**

研究与开发成果是知识和信息,这种性质一方面使得科技成果具有消费上的非排他性和收益上的非独占性,在对这类成果的保护较为困难时,投资者的动力不足。如果政府不介入,研究与开发领域中投入的资源会低于最佳水平;另一方面,研究与开发成果具有明显的规模经济效益,如果政府参与组织和进行资助这些成果就能在大范围内加以推广应用,社会收益较高。特别是一些短期内看不到实用价值或实用化代价高昂的基础科学研究,由于暂时不具备商业价值,无法通过市场交易得到应有的补偿,投资者不愿意从事这类研究,但这些研究具有广泛和深远的社会价值,因此需要政府资助使其得以进行。

**(2)巨额投资和高风险形成的障碍**

一些科学研究和技术开发过程要耗费大量的财力、物力和时间,规模较小的企业无力从事这类研究与开发活动。特别是一些需要巨额投资而且风险较大的高新技术产业项目,投资者更不愿意介入,需要政府以某种方式给予资助或提供担保。

**(3)后起国家的优势与劣势**

作为后起国家,与发达国家技术差距明显,发达国家的技术发展

---

① 关于日本国铁的情况,可参见〔日〕小宫隆太郎等:《日本的产业政策》,黄晓勇等译,国际文化出版公司1988年版,第125—126页。

## 第八章 产业政策：工业化中的政府行为　183

轨迹和趋势，为后起国家提供了赶超的方向。但是这些国家由于市场发育程度较低，企业进行大规模投资从事研究与开发活动的能力较差。因此，政府可以发达国家为参照，选择一些符合技术发展必然趋势、商业潜在价值高的研究与开发项目进行支持。

不过，并不是所有研究与开发行为都需要由政府的产业政策加以支持。在市场竞争中，新的产品和技术能增强企业竞争力，带来丰厚利润。开发新产品、采用新技术是企业生存与发展的内在要求，这正是市场竞争体制的主要优势之一。

即使是一些高投入的研究与开发行为，也可以通过使研究开发成果与产业化过程一体化的方式，鼓励企业进行。例如，一些研究与开发项目，可以由政府向企业订购相应产品或服务，为其成果产业化提供市场。

鼓励企业进行研究与开发活动，是由于企业的活动比政府资助的研究机构更有效率和更有实用性。例如日本的研究开发活动与其他发达国家相比，更多地由企业自行完成。在多数发达国家的研究与开发费用中，政府负担的约有一半，而在日本，政府负担的只有1/4，而且主要分配给大学和研究机构，在企业的研究经费中，政府提供的资金不到2%，因此，日本的研究与开发活动更具有市场导向，对商业化前景非常关注，重点放在能较快获得收益的项目上，一些研究者认为，这是日本技术政策成功的关键因素之一。[①]

政府对研究与开发活动的支持，应该主要指向高新技术产业和高风险的项目。对研究与开发项目的支持政策可分为三种类型：第一，由政府提供资金，研究项目的选择由政府组织专业人士共同确定，支持的对象可以是独立的研究机构，也可以是为特定研究课题而组织的研究

---

① 参见〔日〕小宫隆太郎等：《日本的产业政策》第6章和第7章。

与开发课题组；第二，政府提供优惠政策，如利率和税收方面的优惠、贷款优先权等，由企业或研究机构进行研究和开发活动，这类课题一般由企业或研究机构提出，由政府有关机构或政府委托的专业组织审定；第三，对研究与开发人员制定表彰和奖励政策。

### 3. 集中导向的产业组织政策

产业组织政策所涉及的两个主要问题是规模经济问题和垄断问题。这两个问题都出自于大规模生产和经营，但对效率的影响却相反。大规模生产能使一些规模经济显著的行业明显提高生产效率，但与此同时，却有可能因形成垄断而使经济失去活力。这就是所谓的"马歇尔难题"。

在多数市场经济国家，产业组织政策的重点在于防止大企业形成垄断力量即反垄断政策。因为大规模生产能为企业带来较高的收益，企业有动力不断扩大生产规模，无需政府为此制定专门政策，而垄断问题却只能通过产业政策得到控制。但是，也有一些国家的某些时期实行过政府强制的产业集中政策。例如在60年代和70年代，日本的政策制定者认为，企业规模偏小和数目过多，致使日本企业竞争力较差，因此，在这一时期，政府通过促进产业改组、合并和限制新企业进入两类措施，推行"集中优先"的产业组织政策。但是，对日本这类产业组织政策的实际效果，有许多不同观点，就连日本的经济学家，也对此提出疑问。[①] 英国在60年代末期，也曾推行过政府以财政补助为手段的企业合并政策，其目的是形成"较高的产业效率"。政府于1968年成立了"产业改组公司"，在四年的时间内，该公司共处理了70起合并事件，但是，据英国学者的研究，只有两起案例可以勉强算

---

① 参见〔日〕小宫隆太郎等：《日本的产业政策》，第6编。

得上是成功的。[①]

中国前 10 多年的产业组织问题和产业组织政策,与日本 60 年代和 70 年代的情形有许多相似之处。在过去 10 多年中,政府有关部门认为,中国产业组织方面的问题主要是生产的集中度过低,中小企业挤占了大企业的资源和市场,使整个经济活动的效率降低,经济理论界也有许多学者支持这种观点。因此,中国过去产业组织政策的重点,是通过限制新企业的进入和组建企业集团的形式,促进企业规模扩大和生产集中过程。不过,实践证明,这种政策很难产生显著效果。

产业组织结构的变动在今后中国经济增长中的作用将显著增强,大企业在经济增长中的主导作用日益明显,这是中国经济增长进入新阶段的内在要求。首先,中国已经进入一个新的发展阶段,能否继续保持经济增长,取决于一些高技术含量、高附加价值、规模效益显著的新产业部门能不能迅速成长起来。第二,今后中国的国内市场将更加开放,国内企业要面对外国大跨国公司的竞争,许多必要的竞争战略只有大企业才有可能采用。第三,在过去多年的竞争中,已有一批有较强竞争能力、既"大"又"强"的大企业脱颖而出,为竞争推动生产集中过程提供了微观基础。

今后我国产业组织政策的重点应该是促进在竞争基础上的集中过程,而不是通过阻碍新企业进入或由政府牵头在企业非自愿的基础上组建企业集团来提高集中度。促进"在竞争基础上的集中过程"的主要含义是,规模经济应该是竞争的结果,而不是竞争的起点。集中过程应该在市场竞争中形成,而不是由政府来决定哪些企业应该存在和发展,因为这种选择缺乏标准。一个企业是否有竞争力取决于多种因素,在竞争之前难以判断。中国现在有许多大企业,10 多年前只是很小的

---

[①] 英国的情况引自 J. Burton, "Britain's Industrial Policy: Valuable Lessons for the U. S.," in T. E. Petrietc, William F. Clinger, Nancy L. Johnson Jr., and Lynn Martin (ed.), *National Industrial Policy*, Westview Press, 1984。

企业,产品与技术落后,但却能够在竞争中发展起来。如果在初始阶段由政府进行选择,它们肯定属于不予支持的企业。[①] 而一些政府给予多方面支持的大企业,并没有显示出较强的竞争力。只有那些在竞争中脱颖而出的大企业,才是建立在效率基础之上的大企业。

要支持在规模经济显著的行业中竞争力较强的企业尽快扩大规模,今后几年应特别注意以下几点:

**(1)促进产业资本和金融资本的结合**

产业资本和金融资本的结合是市场经济发展到一定程度必然出现的现象。要促使我国出现一批世界级的大企业和名牌产品,产业资本和金融资本的结合是必然途径,这种结合能够为大企业的成长提供长期、及时和稳定的资金来源。更为重要的是,这种结合将为企业通过兼并、合并、收购等方式迅速扩张提供金融中介。在市场经济中,企业规模的迅速扩张主要不是通过企业自身的积累而是通过企业间的重新组合实现的,如果这条途径不通畅,企业规模的扩张会受明显影响。产业资本和金融资本结合的具体形式有:在建立新的商业银行时,可以优先考虑经营状况好、发展潜力大、代表产业发展方向的企业作为部分股东;在设立新的保险公司、投资基金等非银行金融机构时,可以考虑由上述类型的企业作为股东发起组建;对这些企业加快进行公司制改造,符合条件的应优先成为上市公司;企业进行兼并、合并、收购等有助于迅速扩张规模的措施,应给予体制上的"通行证"和政策上的支持。

**(2)弱化、消除企业规模扩张的行政障碍**

行政分级管理体制和行政性市场分割是导致企业投资规模小、企

---

① 例如,1994年在全国轻工系统排名第四、电冰箱行业排名第一的广东科龙电器股份有限公司,在80年代中期开始试产电冰箱时,是一个只有几十人、100多万固定资产,没有专业技术人员的乡镇小企业,在轻工业部最初的定点企业中榜上无名,后经过多方努力,才补为定点企业中的最后一名。1994年,企业的销售额已达22.6亿元。

业市场份额扩张受阻的重要因素。在行政分级管理体制中，投资限额管理必然导致大批规模不经济企业的产生；资金的分级管理使市场潜力大、效益好的企业难以及时筹措到足够的资金扩大规模；政府机构办的公司或有政府背景的企业，借助行政权力分割市场，排斥竞争，形成各自的势力范围和低水平的垄断。市场的行政性分割成为优势企业扩大市场份额的障碍，削弱了我国市场容量巨大的优势。

在大企业较快增长和扩大规模的同时，中小企业的发展仍然应受到足够的重视，而且需要必要的政策支持。中小企业继续发展的内在推动力是：第一，大企业扩大规模的要求。大企业规模经营的必要条件，是进行专业化分工，以便采用高效的生产设备，因此，大企业规模的扩大就是专业化分工过程的发展，协作的必要性同时产生。在一些发达的市场经济国家，工业部门尤其在机械、电子等工业部门中，一家大企业与成千上万家中小企业形成密切的协作关系，大企业的优势才能充分发挥出来。第二，中国是一个大国，地区之间、城乡之间发展很不平衡，有许多分散的资源需要利用，有许多不同层次的市场需求需要满足，有大量的劳动力需要就业。中小企业在解决就业、利用分散的资源和满足多种市场需求方面，有着大企业无法替代的作用。第三，有相当一部分产业，生产过程中规模经济的优势并不突出，中小企业可以高效率地运转。特别随着技术进步，一些产业的合理经营规模趋小，规模相对较小的企业更具有竞争力，同时，有一些高新技术产业适合中小企业的发展。需要对中小企业发展制定支持政策的原因，是中小企业在竞争中处于不利地位。一方面，中小企业在与大企业的协作中处在不利地位，众多中小企业面对少数大企业甚至是唯一的大企业，双方在协作中的地位相差甚大，大企业会利用其有利地位，损害中小企业的正当利益；另一方面，当中小企业与大企业在同一市场上竞争时，大企业可以利用其垄断地位，将中小企业置于非常不利的地位。为了促进中小企业的发展,各个市场经济国家都制定有支持中小企业的政策,在融资、税收、信息获得、员工培训、市场开拓等方面给中小企业以必要的支持。

**4. 自然垄断行业的管制与放松管制**

自然垄断行业指具有以下三方面特点的行业,一是规模经济非常明显,平均成本总是随产量增加而降低,规模愈大,生产成本就愈低。大企业在这方面具有明显的竞争优势;二是有大量的"沉淀资本",资金一旦投入就很难抽回,也难改为其他用途。如果多个企业之间进行竞争,其结果很可能是两败俱伤;三是这些行业中的多数是公众所需的基本服务,需要保证所提供服务的稳定性、质量的可靠性和可信赖性等。由于这三个特征,自然垄断行业往往由独家垄断经营效益最高。

一个地区的供电、供水、邮政、电信、铁路等行业,都是典型的自然垄断行业。对这些行业的管制是市场经济国家政府管制企业的主要内容。一方面,政府要保证自然垄断行业的独家垄断地位,使生产成本最低和保证服务;另一方面,又要防止垄断企业利用其垄断地位谋取高额利润,损害公众利益。

为了保证企业的垄断地位,政府往往会采取限制新企业进入的政策;但是,为了防止价格过高,政府又对企业的定价进行种种管制。[①]

我国的供电、供水、邮政、电信、铁路等行业也具备自然垄断行业的特征,但是,我国这些行业有两个明显不同于其他国家的特点。

**(1)管制部门与被管制企业有密切利益关系**

市场经济国家政府对自然垄断行业的管制,其背景是竞争普遍存

---

① 关于市场经济国家政府对垄断行业进行管制的理由、管制的具体形式以及管制效果的分析,可见〔日〕植草益:《微观规制经济学》和 A. E. Kahn, *The Economics of Regulation: Principles and Institutions*。

在的市场经济环境。

政府作为管制者,基本上可以看作是一个为纠正"市场失效"问题而出现的中立者,与被管制企业没有直接的利益关系,管制或放松管制,政府管制部门不会得到明显的利益或受到明显的损失。[①] 但是在我国,管制问题的背景是长期高度集权化的经济环境,自然垄断行业中的企业都是国有企业,作为管制者的行业管理部门和企业之间存在着政企不分甚至政企一体化问题,政府管制机构和企业的利益是高度相关的,因此,管制机构在更高管理者给予的权限之内,更倾向于维护所管制企业的利益。

（2）国有企业的低效率问题

在较早时期,一些国家为了解决自然垄断行业要求独家经营和垄断带来超额利润这对矛盾,将自然垄断行业国有化。但是,国有化又产生了严重的经营管理上的官僚主义和低效率问题。自20世纪70年代中期开始,西方国家开始了一次自然垄断行业私有化、民营化浪潮,将自然垄断行业交给私营企业经营,政府对它们进行管制。我国的这类行业一直由国有企业在独家垄断的条件下经营,官僚作风和效率低下的问题表现突出,而且这些企业通过其利益代表者即政府的有关管理机构,能够向政府施加较大的压力,阻挠有碍于其垄断地位的改进措施。

我国自然垄断行业管制的上述特点,使研究我国自然垄断问题的侧重点应与其他市场经济国家有所不同。除了研究管制范围、收费标准、收费体系等一般性问题外,还需要特别关注放松管制问题。放松管制是20世纪70年代以来各市场经济国家的趋势,原因一方面是要通

---

① 通常认为,尽管政府实行管制的初始态度是中立的,但是一旦实施管制之后,政府管制机构的态度就会改变,就不仅仅是公众利益的代表,而且有了自身的利益取向,成为被管制行业利益的代言人,或成为取消管制的阻力。这方面的分析可以参见 G. J. 施蒂格勒的《产业组织和政府管制》。不过,与这里将要分析的我国这类行业中政府与企业之间的紧密利益关系相比,市场经济国家管制机构与管制企业之间的利益关系要弱得多。

过引进竞争,改变垄断行业的低效率问题;另一方面是技术进步使一些自然垄断行业"独家经营效率最高"的性质已有明显变化,最明显的是电信行业和能源行业。放松管制不论采取什么形式,都以引进竞争机制为目的。新企业的加入会导致竞争加剧,迫使企业提供多种新的服务、降低收费水平、收费体制多样化和促进技术革新等以增强企业竞争力。我国已有这方面的经验,例如航空业和电信业放松管制的效果就很明显。航空业由于有多家新航空公司进入,以往由中国民航独家经营的局面已完全改变,通过竞争,航空业的服务水平有明显提高。电信业放松管制开始较晚,1994年7月,中国联合通信有限公司(联通公司)宣告成立,成为国家第二电信公用网,结束了中国电信业由邮电部统一组网、独家经营的局面。虽然联通公司成立为时尚短,业务尚未形成规模,但已促使邮电部多方面部署提高邮电部门占领市场能力和为用户提供优质服务的措施。[1]

## 四、主导产业的选择标准

第三章已经提出有可能成为今后一二十年支柱产业的几个行业,本章从产业政策的角度,对支柱产业的选择标准和支持措施做一些分析。

落后国家推行产业政策的重要目标之一,是选择一些重要产业,给予优惠政策,促使它们较快地发展。这些"重要产业"往往被称为"瓶颈产业""主导产业""支柱产业""先导产业"等。其中"瓶颈产业"问题稍后再进行分析。前面三类产业大致上可以分别表述为:

---

[1] 张宇燕曾对我国通信业放松管制的过程作过实证分析,邮电部作为政府对邮电行业的管制部门,对中国联合通信公司的创建持有强烈的反对态度,一旦放松管制成为事实,就产生了促进竞争的明显作用。见张宇燕:"国家放松管制的博弈",《经济研究》1995年第6期。

主导产业是指能够较多吸收先进技术、面对大幅度增长的需求、自身保持较高增长速度并对其他产业的发展具有较强带动作用的产业部门。

支柱产业是指在国民经济中占据重要比重，前向、后向和旁侧关联效果最大的产业。

先导产业是指能最多吸收先进技术、代表产业发展方向和为保持长期增长而需要超前发展的产业。

这三类产业的含义虽然有些差别，但在本章的分析角度中，这些差别并无显著意义。为了分析方便，本章统一使用"主导产业"一词，因为它兼有"支柱产业"和"主导产业"的一些主要特征，在"主导产业"概念下所分析的内容对"先导产业"或"支柱产业"来说同样是适用的。

选择主导产业首先涉及选择标准问题，在产业政策问题研究中被表述为选择主导产业的基准问题。人们已经提出过的基准很多，较常提到的主要有以下几类基准。

**（1）产业关联度基准**

赫希曼50年代中期在其著名的发展经济学经典著作《经济发展战略》一书中，提出了发展中国家应首先发展那些产业关联度高的产业的观点。罗斯托在稍后也提出了大意相同的观点。这一基准的含义是，选择能对较多产业产生带动和推动作用的产业，即前向关联、后向关联和旁侧关联度较大的产业，作为政府重点支持的优先发展产业。这个观点虽然并不是直接在研究产业政策问题时提出的，但对日本和一些发展中国家的产业选择和产业政策产生了明显影响。[1]

---

[1] 赫希曼的观点可见 Hirschman A. O., *The Strategy of Economic Development*, Yale University Press, 1958。罗斯托的观点可见〔美〕W. W. 罗斯托：《从起飞进入持续增长的经济学》，贺力平等译，四川人民出版社1988年版。

### (2) 收入弹性基准

收入弹性基准和下面要提到的生产率上升率基准，是日本经济学家筱原三代平在50年代中期提出的。收入弹性是指在国内和国际市场上，某种产品的需求增长率与国民收入增长率之比。收入弹性大于1的产品和行业，其增长速度将高于国民收入的增长，弹性小于1的产品和行业，增长速度低于国民收入的增长。这是因为在不同的收入水平下，新增收入往往会较为集中地用于某几种商品的消费。因此，政府应选择支持收入弹性高的产品和行业，因为这些行业有较多的国内和国际市场需求，能够以较高的速度增长。

### (3) 生产率上升率基准

生产率上升率是指某一产业的要素生产率与其他产业的要素生产率的比率，一般用全要素生产率进行比较。全要素生产率的上升主要取决于技术进步，按生产率上升率基准选择主导产业，就是选择技术进步最快、技术要素密集的产业，因此，这一基准也被称为比较技术进步率基准。

### (4) 环境标准和劳动内容基准

1971年，日本产业结构审议会提出，在原来的收入弹性和生产率上升率基准之外，再增加"环境标准"和"劳动内容"两条基准。环境基准是指选择污染少、不会造成过度集中环境问题的产业优先发展；劳动内容基准是指选择能提供安全、舒适和稳定的劳动岗位的产业优先发展。当时在日本，随着经济的增长，环境等问题日益严重，这两条基准的提出，是为了实现经济与社会协调发展的目标。

除了上述几条基准之外，国内外学者还提出过一些其他基准，如"瓶颈基准""增长后劲基准""短缺替代弹性基准""比较优势基准""边际储蓄率基准""高附加值基准""货币回笼基准""就业与节

第八章 产业政策：工业化中的政府行为 193

能基准"等。①

国内外学者已有不少人从理论和实践两个方面，对上述基准的可行性提出过疑问。② 笔者认为，已有的主导产业选择基准主要有以下几个方面的问题需要进一步讨论。

其一，市场容量大、生产率上升快的产业为什么需要产业政策的支持：

这类产业由于市场容量大、生产率上升快，能为投资者带来较高的收益，因此，本身就是投资者看好的行业，并不一定需要政府的特别支持才能快速发展。日本的经验支持这种判断，日本相当一部分高速增长和出口业绩显著的行业，并没有得到政府的支持政策。③ 中国的经验也支持这种判断，中国自改革以来，在具备起码的产业与技术条件下，哪些产品的国内和国际市场看好，就有大量的投资迅速进入这些行业。在这些行业中，不但不会存在投资不足问题，而且总是出现"重复建设、重复生产""一拥而上"等问题。如80年代的家用电器行业，投资者的积极性一直高于政府的积极性。政府对向这些行业的投资一直采取控制政策，也没有能够抵消投资者的强烈投资欲望。这些经验使人们对这两个基准的适用性提出疑问是有道理的。

其二，基准是怎样计算出来的：

虽然基准能够被表述，但实际上，无论在日本还是在其他国家，并

---

① "瓶颈基准""增长后劲基准"和"短缺替代弹性基准"可参见周振华：《产业政策的经济理论系统分析》，中国人民大学出版社1991年版；"比较优势基准"和"边际储蓄率基准"可参见周叔莲等：《中国产业政策研究》，经济管理出版社1990年版；"高附加值基准""货币回笼基准"和"就业与节能基准"可参见朱争鸣、王忠民：《产业结构成长论》，浙江人民出版社1989年版。

② C. Johnson (ed.), *The Industrial Policy Debate*, ICS Press, 1984; T. E. Petri et al. (ed.), *National Industrial Policy: Solution or Illusion*, Westview Press, 1984 和E. D. Margaret (ed.), *Industry Vitalization*, Pergamon Press, 1982 三本书中有多处批评这些基准。

③〔日〕小宫隆太郎等：《日本的产业政策》。

没有进行对未来产业状况的精确计算,来确定哪些行业应该是"高收入弹性产业"和"劳动生产率上升较快的产业",作为制定产业政策的依据。有些研究计算过以往时期的数据,但是,对未来的研究难度很大,不确定的因素很多,最多只能指出大致趋势,落不到具体的产业和产品上。日本在制定产业政策时,参照了其他发达国家的经验,选择了一些产业作为主导产业重点进行支持,但是,有更多的具有同类性质的产业却未能得到政府支持,仅仅从"基准"的角度并不能解释这种现象。[①] 在中国,关于需求增长快、收入弹性高的产业应该包括哪些行业的争论已经进行了10多年,并没有形成大致上具有共识的结论,"短线产业""消费品产业""骨干产业""高新技术产业"都分别被提出作为需求弹性大、产业关联度大和生产率上升率快的产业,实际上已经包含了大多数产业在内。

其三,不同基准之间如何排序:

由于提出的基准很多,一个产业很难符合所有基准或多数基准。在经济加速发展的较早阶段,收入弹性较高的行业如轻纺行业,很可能不是劳动生产率上升快的产业和产业关联度大的产业,而汽车等行业虽然产业关联度大,但并不是当时收入水平上收入弹性较高的行业,也不是容纳较多就业的行业,更不是低收入国家具有比较优势的行业。当不同基准之间发生冲突时,应该如何判断不同基准的重要性?哪些基准应该排序在先,哪些基准无关紧要?这些问题都没有明显的答案。因此,几乎所有的行业,都能找到本行业应该成为政府关注重点的理由。

在对前面的问题进行分析之后,笔者认为,在选择主导产业的各种

---

① 按照小宫隆太郎的解释,是由于政府选择重点产业,除考虑上述基准外,还要考虑如下两项因素:第一,是否是象征国家实力的重要产业,第二,是否得到广泛的关注和具有新闻价值,见〔日〕小宫隆太郎等:《日本的产业政策》。

理由中,存在"市场失效"问题应该是排在第一位和具有决定性的因素。

由于市场机制充分发挥作用所需的一些前提条件如信息的完全和对称、充分竞争、规模报酬不变或递减、经济活动不存在外部性等,在现实中很难满足,因此市场机制有时达不到最优配置资源的作用。在加入"市场失效"这个标准之后,选择政策重点支持的产业才有了较为充分的理由。按前面所讲的基准,许多产业都能成为主导产业,对多数主导产业来说,并不需要政府的特别支持政策,但是,对一些规模经济较为显著、投资额特别巨大和风险性较强的主导产业来说,虽然投资者对这些前景看好的行业有较高的投资积极性,但如果资本市场不发达、供给的反应机制不够迅速灵活、投资者对风险的承受能力较弱,即存在明显的"市场失效"问题时,这些行业的发展就会受到阻碍。在这种状况下,这些行业的发展需要政府的支持政策。因此,即使是支持主导产业发展的政策,最终也要以是否存在"市场失效"问题为依据。例如,虽然轿车工业是市场前景看好的产业,但由于相关企业实力不足、资本市场不发达和投资者对风险的承受能力差,在规模经济特别显著的轿车行业中,对骨干企业给予一定的政策支持是必要的。

# 第九章 传统产业的调整及政府援助政策

产业调整援助政策是许多工业化国家处在与我国目前相似阶段时最重要的产业政策之一。

未来一二十年中,中国工业处在结构变动最为剧烈的时期,在持续、稳定增长的同时,会有一部分行业、企业和地区处在调整带来的剧烈冲击之下。国际经验和我国自己的实践表明,在结构变化剧烈的时期,如果不能采取措施,减弱变化对某些经济部门的剧烈冲击,转变的过程就会受阻,社会的稳定就会受到影响。变化率的降低和社会不稳定因素的增加都具有显著的经济成本。因此,减少阻碍变化及其导致的不稳定因素,会产生显著的经济收益,这是对产业调整行为进行援助的正当理由。

产业调整援助政策是许多工业化国家处在与我国目前阶段相似时期最重要的产业政策之一。我国以往较少涉及这方面的问题,今后一二十年,产业结构调整援助政策的作用需要加强。

## 一、结构性困境与调整障碍

在经济发展的各个阶段,总会有一些行业、地区和企业处在特别有利的市场环境中,而另一部分则处境困难。这种困境并不是个别企业自身问题所造成的,而是结构性的。导致结构性困境的因素主要有以下几方面:

第一,消费结构的变化。随着收入水平的提高,人们的消费结构发生变化,从而引起产业结构的变化,一些新行业迅速发展,同时有些老行业的地位相对下降。例如随着收入水平的提高,食品和服装类消费在消费总量中的比重明显下降,会使这些行业在整个经济中的比重随之下降。

第二,生产结构和生产方式的变化。新资源的发现、新产品的出现和技术进步,会导致生产结构的变化。例如石油的大量使用,使一些国家的煤炭工业受到严重打击,人工橡胶的研制,使天然橡胶生产行业陷入困境。

第三,产业区位的变化。新行业的出现和经济发展进入新的阶段,使经济增长对自然资源的依赖性不断减弱,导致一些新工业区的形成和旧工业区的相对衰退。

第四,对外开放度的扩大。一国对外开放程度的扩大,会带来外部冲击,一部分不具备国际竞争力的行业,会很快地陷入困境,另一些出口增长较快的行业增长加速。

第五,要素相对价格的变化。随着国内经济的增长,某些要素的相对价格会有明显变化,影响相关产品在国际市场上的竞争力,国内市场也会受到进口商品的冲击。例如劳动力成本的上升会影响劳动密集型产业的竞争力,棉花价格的上升会影响棉纺织品的竞争力等。

对一些后起的发展中国家来说,结构性问题可能更为突出。这些国家受"后发优势"的推动,会在一段较长的时期内保持较高的增长速度,某些产业会高速扩张。一旦经济增长速度开始减缓,或者高速扩张产业的国内外供给和市场条件有所变化,已经形成大量生产能力就会陷入严重开工不足的困境,结构调整压力会很大。

无论哪种原因引起的结构性困境,处在其中的行业和区域都会面对下面一些共性问题:①

(1)全行业生产能力明显过剩,开工严重不足

由于国内外市场需求的变化,这类行业在经过一段高速增长时期后,供给明显大于需求,开始进入生产能力明显过剩、开工严重不足的困境。从各国的经验看,在经济发展某个阶段依次较为普遍出现这种现象的行业有煤炭行业、纺织行业、冶金行业、某些传统机械行业、造船行业、军事工业等。

(2)全行业收益率很低甚至亏损

由于生产能力严重过剩,企业之间竞争激烈。企业为了生存下去,不惜采取低价竞销手段,致使在相当一部分企业停产半停产的同时,产品有销路能够维持正常生产的企业也因产品价格低而处在收益率很低的状态,使全行业平均处在微利甚至亏损状况。

(3)资金投入减少,优秀人才含量降低

低收益率使这些行业难以吸收新的投资,但是,要进行结构调整却需要大量的投资。与此同时,"留不住""进不来"优秀管理人才和技术人才,是处在结构性困境行业的共同特征。这种状况使需要进行结构调整的行业缺乏必需的投资和技术、管理人才。

(4)退出行为困难,长期处于"过度竞争"状态

"过度竞争"(Excessive Competition)指的是这样一种状态:某个产业中由于进入的企业过多,生产能力大量过剩,使许多企业处于低利润

---

① 对其他国家结构性困境行业的特征描述,可参见以下几本专著OECD, *Positive Adjustment Policies: Managing Structural Change*, 1983; OECD, *Transparency for Positive Adjustment—Identifying and Evaluating Government Intervention*, 1983; T. E. Petri et al. (ed.), *National Industrial Policy: Solution or Illusion*; C. Johnson (ed.), *The Industrial Policy Debate*。

率甚至负利润率的状态,但由于存在各种困难,这些企业不易从这个行业中退出,使全行业低利润率或负利润率的状态持续下去。①

企业不能从已处于过度竞争状态的行业中退出和转移到新行业的问题,原因主要有以下两个方面。第一,生产要素在不同行业间的转移存在障碍,需要大量新投资才能进行。有些行业之间在设备、工艺、操作技术、经营方式和要素结构等方面差距非常大,若要"转产",几乎等于全部放弃老企业和重建新企业。例如煤炭企业、纺织企业、冶金企业向有前途的机械电子行业的转移。因此,这些企业若不能得到政府的特别援助,调整过程会非常困难。第二,政府为了避免大的社会动荡和对政府威信的不利影响,会在较长时期内采用税收减免、优先贷款、补贴、限制同类商品进口等措施,使这些企业得以维持下去,使调整过程一推再推。结构调整过程的延误,会引起明显的效率损失甚至政治和社会问题。因此,能促进结构调整的产业调整援助政策,长期以来受到经济学家和各国政府的关注。

对能力过剩和过度竞争问题特别重视的是第二次世界大战后的日本政府和学者。战后日本经济高速增长,产业结构变化迅速,不断地有一些产业部门在急剧膨胀之后,很快进入不景气时期。自60年代初期到80年代初期,大量的生产能力过剩和存在众多经营状况不佳的企业成为日本经济发展中存在的严重问题。

当时日本的经济发展受政府较多干预,希望经济增长"有序"的愿望,使日本政府和经济学界对这种状况深感不满,但要进行干预,就要证明这种干预不会影响"正常的竞争"。"过度竞争"的概念,为政府的干预提供了理论支点。有些学者将对能力过剩和过度竞争问题的关注

---

① 该定义可见〔日〕小宫隆太郎等:《日本的产业政策》。日本学者在分析这个问题时,其重点在于经营状况和退出行为,即"不良经营状况下仍不退出",而不是企业的竞争行为本身。本文应用这个概念,也着重于经营状况和退出行为的分析。

和干预,列为日本产业政策的显著特征之一。①

对"能力过剩"和"过度竞争"问题的若干研究,大都与"结构性冲击"和"退出障碍"(Exit Barriers)等问题联系在一起。

"结构性冲击"表达的特殊含义有两点,一是能力过剩问题集中发生在某些时期和某些行业,二是这些行业的不景气是结构转换所致,靠企业自身努力不能使全行业的境况好转。

"退出障碍"是指企业的退出行为有高昂的成本,构成这些成本的主要因素有资产专用性带来的损失、工资刚性和技能差异引起的劳动力转移困难、进入其他行业时碰到的进入障碍、社会保障不完善引起的社会和政治问题等,这些成本可能如此昂贵,使得企业明知继续滞留下去已不可能改变其困难处境,但仍然不能或不愿退出。

这些观点的理论与政策含义很明确,就是认为当生产要素的自由流动存在明显障碍时,市场机制不一定能保证资源的有效配置。因此,需要政府对这些企业的退出行为制定援助政策,以减少退出阻力和促进结构调整进行。

在日本战后的经济发展过程中,产业结构调整援助政策的应用十分引人注目。日本的产业政策从整体上看,对产业结构调整的援助要强于对新兴产业的支持,尤其在经过10多年的高速增长之后,从60年代中期开始,日本在支持产业调整方面的支出要远远大于支持新兴产业发展的支出。②

在一些论述日本产业政策的专著中,有关调整援助政策的内容也与支持主导产业发展政策的内容分量相当。③调整援助政策有针对行业的(如"特定萧条产业安定临时措施法""特定产业结构改善临时措

---

① 参见J. Vestal, *Planning for Change: Industrial Policy and Japanese Economic Development 1945–1990*, Clarendon Press, 1993。
② 具体数额和比例可参见〔日〕小宫隆太郎等:《日本的产业政策》,第4章。
③ 书后参考文献中所列的涉及日本产业政策的几本专著都是如此。

施法"),也有针对地区的(如"产煤地域振兴临时措施法""特定萧条产业关联地区对策临时措施法"等)。

即使在一些主要发达国家,也以减少失业、谋求公平和保持社会稳定为理由,长期推行结构调整援助政策,20世纪60年代以后尤其是70年代初期石油冲击之后,各国的政策制定者更加关注这个问题。

欧共体的一些主要成员国也较多地使用产业调整援助政策。早在1957年,西欧各国就在"罗马条约"中规定要对企业调整进行援助,并设立了欧洲社会基金,援助各国失业工人再就业。从70年代以来,西欧各国结构转换困难的问题更加突出,若干产业内大量存在亏损企业,各国政府更加重视能力过剩和过度竞争问题,制定所谓"积极的调整政策"。[1]

调整援助政策在一些西欧国家的产业政策中占有重要地位,例如德国将2/3的补助金用于煤炭行业,瑞典将3/4的补助金用于钢铁、造船、矿业和纺织行业。70年代末期到80年代初期,在对全部产业的财政援助额中,对处境不佳产业的救助性补贴所占的比重,德国为14%,英国为36%,挪威为48%,意大利为50%,瑞士为57%。

甚至长期奉行不干预政策的美国,在80年代初期,由于日本高速增长实绩和美国增长停滞状况形成鲜明对比,产业政策也成为举国关心的重要议题,进行了一场持续数年的"产业政策大辩论"。不过在美国,赞成较多推行产业政策的观点并未得到有关方面的广泛支持,调整援助政策的主要内容是与进口控制、失业救济和再就业培训有关的政策。[2]

---

[1] 实际上,欧共体国家更早时期就有产业调整援助政策,许多欧洲国家的煤炭、纺织、造船等行业的调整都得到过政府的援助。有关较早时期的情况,可参见T. E. Petri et al. (ed.), *National Industrial Policy: Solution or Illusion*。70年代后的情况可参见OECD, *Positive Adjustment Policies: Managing Structural Change*。

[2] 美国关于产业政策问题的争论,比较集中地反映在T. E. Petri et al. (ed.), *National Industrial Policy: Solution or Illusion* 和C. Johnson (ed.), *The Industrial Policy Debate* 两本书中。

可以看出，市场经济国家碰到由于结构变化、区域调整和外部冲击等原因造成较多企业面临倒闭、大量工人面临失业等问题时，并不是完全通过市场机制来解决问题。事实上，二战以后，一些工业化国家的政府对这类问题的处理慎之又慎，制定了许多援助政策推动调整过程。因为无论哪个国家，都很难承受由此带来的社会与政治问题。

## 二、结构问题的特点与调整经验

中国经济已经持续 10 多年高速增长，行业结构、区域结构的剧烈变化有其必然性。中国正在进行外贸与外资政策的调整，国内市场将进一步对外开放。因此，产业调整援助政策应该成为今后产业政策的主要内容之一。在这方面，中国的问题与其他一些国家在相同阶段面临的问题相类似，不过，中国某些行业的结构性困境特别突出，有一些显著的特点需要强调。

### 1."进入障碍"和"退出障碍"不对等，生产能力大量过剩

目前我国陷入较为明显困境的产业，大部分是一些在现有设备和技术基础之上规模经济不显著和技术壁垒不强的行业，即"进入障碍"较小的行业，如纺织、煤炭、某些机械行业等。对这些行业来说，能否便利地得到原料和对市场变化的敏感程度是重要的竞争因素。因此，虽然全行业的效益状况不理想，但由于原有企业受机制不活、布局不当等因素的影响竞争力较差，因此新进入者只要在原料和市场方面有优势，仍然可以有较好的收益。这种状况导致在全行业长时间不景气的同时，又不断有新的投资者进入，使行业总规模不断扩大。

另一方面，这些行业中的企业向其他行业的转产比较困难，首先是机器设备的专用性很强，没有通用性，例如纺机、织机只能生产纱、布，

无法转产其他产品,采煤设备也无法用于生产制造业产品。这些行业的技术能力和操作工人技能的专用性也很强,在纺织、煤炭等行业内,主要靠自己的力量可以开发的其他行业的产品数量很少。因此,所谓的"存量调整"模式,在传统行业向其他行业的调整过程中很难应用。为了说明这种特点,可以与机械、军工等设备和技术通用性较强的行业进行比较。

70年代末期到80年代初期,我国对于轻重工业比例关系的调整收效显著,资产存量的调整在其中发挥了重要作用。

当时大批生产投资类机电产品和军品的企业转向生产消费类机电产品,这两者之间设备、技术的通用性较强,而且是用较高档次的设备和技术生产较低档次的产品,例如生产军用光学用品的军工企业转产照相机,生产坦克的企业转产摩托车,生产重型设备的企业转产日用机械产品,等等,都能主要靠利用原来的生产能力、技术人员和操作工人来进行。兵器工业系统从1979年初开始,就注意着力开发民用产品,到1981年,兵器工业系统的地方军工企业和半数以上的部属企业,都有了两个以上的民用拳头产品,自行车、缝纫机、挂钟、洗衣机、照相机、电风扇等重点日用机电产品已具备比较大的生产规模。一些原来以重型机电产品为主的机电企业,也在比较短的时间内开发出了大量的新产品。[①]

这种类型的行业间结构调整在纺织、煤炭等行业看来是非常困难的。这种现象可以称为由于资产专用性引起的"存量刚性":一旦资源以实物形态进入某些行业后,就具备了专用性,再从这个行业中退出进入新的行业,就会碰到障碍。行业不同、拟进入的新行业不同,障碍的强弱显著不同。

---

① 更详细的情况可参见中国经济年鉴编辑委员会《中国经济年鉴(1982)》(经济管理杂志社1982年版),有关军工企业的情况见第V—181页,有关机电工业的情况见第V—114—115页。

## 2. 名牌企业和名牌产品的效应较弱

从 80 年代末期开始，我国绝大部分加工工业产品进入供大于求的市场环境中，企业之间竞争激烈。有些行业通过竞争，可以产生"名牌企业"和"名牌产品"，出现明显的生产集中过程，从而使一部分效益好的企业获得较高的利润。相比之下，一些传统行业由于其产品的特殊性，上述过程进展较慢。

多数制造业产品都有自己的商标，但是，不同种类产品商标的重要性不同。对一部分产品来说，商标对消费者非常重要。因此，名牌产品的生产企业可以迅速扩大生产规模和市场占有率。目前已有一些制造业产品开始呈现出明显的集中趋势，如家用电器、摩托车、汽车等。即使在一些规模经济并不显著的行业，只要消费者有"品牌"意识，优势企业也能够很快占据较大的市场份额。在食品、饮料、保健用品、化妆品、时装、小家电、日用机械等行业中，都已经形成这样一批企业。当生产集中度已经较高，形成一些名牌企业和名牌产品时，这个行业的进入障碍明显增强，阻碍新投资者进入，而且名牌产品能得到较高的收益率，可以带动全行业平均盈利水平的提高。

然而，一些传统行业虽然经历了多年的激烈竞争，并没有产生明显的生产集中过程。例如纺织产品的"品牌"作用较弱，除纺织机械和部分针织成衣外，大多数纺织品对消费者来说，只有产品名称，如"纯棉布""全毛花呢"等，并无产品品牌，或消费者不太重视产品品牌。煤炭行业的情况更是如此。因此，产品质量好、档次高的企业，难以通过"名牌"效应来迅速扩大生产规模和市场占有率，也难于使产品价格处在合理的高位。

## 3. 国有企业的特殊困难

结构性冲击不光对国有企业，非国有企业同样受到冲击，不过，由于国有企业在"老行业"中所占的比重较大,处在"老工业区"中的为数较多,所使用投入品的价格变动较大,因此困境更为突出并不出乎意料。

**（1）一部分国有老企业布局不当**

中国目前处在困境中的国有企业,有相当多的一部分是在五六十年代建成的,按当时的计划布局,分布在老工业区内,它们目前碰到的困境与其所处的区位有着明显的关系。

在过去10多年中,随着市场机制作用的增强,传统产业在全国范围内进行着布局的重大调整,一部分国有企业原来的区域位置已显得不合适,如一些国有棉纺企业不是处在棉花产区,而是处在工资水平和地价较高的大城市中心地带,这些企业的发展受到限制。

在全国40个城市纺织工业基地中,正是一些处在大城市老工业基地的国有纺织企业困境比较明显,如沈阳、大连、南京、青岛、武汉、重庆、西安等城市,90年代以来都出现过至少一年纺织系统全行业亏损的问题,有些并已持续好几年。

与国有企业的状况相比,70年代末期以后发展起来的非国有纺织企业,在布局方面更多地具有原料和市场指向。以河南省为例,近些年来新建的县办棉纺织厂,地处棉花产地,大都就近有丰富、廉价的劳动力,并且无离退休人员,没有"小社会"的负担,经济效益普遍比大、中城市的纺织企业好。郑州市6个纺织厂加起来,共拥有50多万锭和1万台织机,然而近几年实现的利润,与只有3万锭的淇县麻棉纺织厂差不多。[①]

**（2）国有老企业的负担较重**

传统行业的国有企业尤其是大中型国有企业,大部分建厂时间较早,无论与同行业中的非国有企业相比,还是与其他发展较晚的行业中

---

[①] 引自陈建清、杜时洲、黄秋杰:"河南纺织行业面临的困境及对策思考",《纺织经济研究》1994年第2期。

的国有企业相比,历史负担都重一些。在一些五六十年代建立的老纺织基地中,国有大中型企业自建厂以来,已有两轮人员退休,退休职工与在职职工的比例,达到1∶1.5甚至更高,因此困境更为突出。

(3)国有企业的特殊退出障碍

国有企业进行结构调整还会碰到几点特殊障碍。第一,国有企业的职工长期以来享受较高的工资待遇和非工资福利待遇,"收入刚性"使国有企业的职工即使在企业经营状况长期不佳时,也不愿从国有部门退出,因此通过人员自愿流出而进行的调整缓慢。第二,国有企业长期享受政府的特别关照,尤其是一些大型国有企业,有能力将其对政府的要求变为政府的政策,因此企业至少处在能够维持下去的状况,自动退出的动力较弱。第三,国有企业受政府主管部门的约束较多,跨所有制跨行业结构调整的"行政障碍"较强。由于国有企业面对较多的退出障碍,因此在传统行业中,虽然处在同样的境况中,非国有企业的退出比例要明显高于国有企业的退出比例,一些国有企业可以在10多年微利或亏损状况下维持下去。

进入80年代以后,我国经济持续高速增长中一直伴随着剧烈的结构变化,在这个过程中,政府虽然没有明确提出要推行结构调整援助政策,但从实际采取的措施判断,对结构调整的支持政策一直存在,例如对企业技术改造和开发新产品行为的支持政策,就含有较多的结构调整援助政策的内容。

过去10多年中,政府对解决生产能力过剩问题即"长线"产业问题,基本上持一种稳妥和负责的态度。对陷入困境的行业和企业,没有采取一揽子交给市场机制去处理的激进方式,避免了改革中矛盾的激化,使以"增量改革"为特征的制度变革过程能够在16年中持续推进。从其实际作用上看,对因结构原因产生的行业性困境问题采取温和态度,对其进行补贴,维持其生存,是一种对安定团结局面的投资,其收益是改革阻力的减少。至少从我国已有的经验看,这种投资具有显著的正收益,一部分长期亏损的企业尤其是国有企业长期维持下去,其作用类似于一个国家出资的大保险公司。其他国家出于类似的考虑而维持甚至成立新的国有企业的例子也不少见。①

从总体上看,政府对困难行业和困难企业的援助保持在较低的水平,这样做也是恰当的。从政府来讲,它有能力用优惠政策改变企业在市场上的竞争地位,例如将更多的本来可以更有效使用的资金转投向困难企业、给予更多的减免措施等。这样做的实质,是以高成本维持一个低效率部门,会产生明显的效率损失。这样做还会使应该进行调整的企业和职工处在一种较为舒适的境况之中,减弱其主动退出的压力,阻碍实质上已不具备竞争力的企业和职工从原有产业中退出。

在一些特别困难的部门和地区,政府已经为支持结构调整而给予财政和金融方面的实际支持。例如,煤炭行业多年来存在严重的冗员问题,导致生产效率低下,特别在一些资源枯竭的矿区,企业和职工的处境很困难。在我国,这些资源性行业的结构调整通常称为"多种经营",政府对于煤炭企业转向"多种经营"给予了一定的支持政策。在"八五"期间,中央政府从财政和银行渠道共给煤炭行业 30 亿元的资金支持,有 30 万职工转向其他制造业和服务业从事"多种经营"。②

不过,从整体上看,政府对结构调整行业的支持政策仍显得力度不足,而对因结构原因长期亏损的企业维持过多。保持稳定可以有消极的维持,也可以有积极的转换;同样的资金投入,可以用在维持亏损企业方面,也可以用来支持企业的结构调整行为。我国以往的经验中前一种有余而后一种不足。这也许是由于对政府而言,前一种方法在现

---

① 可参见〔巴西〕马姆德·阿里·阿尤布、〔葡萄牙〕斯文·奥拉夫·赫格斯特德:《公有制工业企业成功的决定因素》,罗龙等译,中国财政经济出版社 1987 年版。

② "煤炭行业多种经营成规模",《人民日报》1996 年 6 月 12 日。

行的体制下易于推行而且结果明显、见效迅速,而后一种方法需要额外的人员、组织,大量的调研和新的投入方式,见效时间长。

经过16年的改革与发展,今后对结构调整问题采取更积极、更有效方式,加速部分已无竞争力的企业从过度竞争行业中退出的必要性更加迫切,条件也已基本具备。其中最重要的两个条件是,第一,这些行业长期存在的经营不良状况,已经明显降低了其员工的福利,从而降低了退出的成本和阻力;第二,对于年复一年且日趋严重的传统产业的国有企业大面积亏损问题,政府日益感到对其采取维持措施实在力不从心。

## 三、调整援助政策的重点

结构调整援助政策是今后我国产业政策一个重要的方面。如果不能采取有效措施帮助一部分特别困难的企业退出,让它们继续滞留在不适合它们发展的行业内,长期低效率地使用有限资源,不仅会影响全行业的效率,而且自身的包袱愈背愈重,使今后的调整更加困难。

从其他国家的经验和中国的实际考虑,可供我国选择的调整援助政策有以下几种类型:

**(1)设立产业调整援助基金,援助企业的退出和转产行为**

设立调整援助基金,政府可以对从"长线"行业中退出的企业给予优惠待遇,如企业若封存和淘汰设备,在进行新投资时,就可以按比例得到优先或优惠贷款或采用特别折旧率,或者给予一定的资金补偿。后一种做法有时也采取政府向企业"购买"旧设备然后将其废弃的方式,即所谓的"收购报废"方式。这些方法比较适合整体受到冲击、企业数目较多的行业。日本五六十年代纺织工业的调整就主要采取了这种方法。在60年代和70年代,日本政府为"收购废弃"制累计支出了近4000亿日元,废弃的纺机和织机约等于60年代中期拥有量的五分之二。此外,日本70年代中期以后造船业的调整中,"收购废弃"制也是重要措施,不过,造船业的收购是设备带土地一起进行的,设备收购后废弃,土地可以出让。产业调整援助基金还可以用来作为职工再就业培训的费用和待业救济金等。

**(2)通过受益者提供的补偿援助退出企业**

这方面的措施有两种类型。一是同行业内的补偿,在一个行业中,一些企业退出,会使那些留在这个行业中的企业受益。如果退出者不能得到补偿,则主动退出行为会受到限制,每个企业都在等待别的企业退出,自己从中受益。因此,可将行业内留存企业的收益的一部分通过有关政府机构或政府指定的金融机构,作为退出企业的补偿费用。二是跨行业的补偿,这种情形主要指一国实行开放政策后受益行业向受冲击行业提供的补偿。一个国家对外开放的扩大,削减关税是一项重要内容,那些保护程度明显降低的产业有可能会面对进口品的强力竞争,导致生产缩减和员工失业。但与此同时,另一部分使用进口设备、原材料和零部件的行业会因这些进口投入品价格的降低而受益。因此,一种可行的方式就是从使用进口投入品企业的得益中分出一块,作为受冲击企业的调整援助基金,按照设备封存或淘汰的比例分配。例如,当进口原材料的关税从20%降到10%时,使用进口原材料的企业可将其少付的10%的关税中的一部分付给有关政府机构或政府指定的金融机构,按国内原材料生产企业设备关闭的比例发放低息、无息或贴息贷款,支持其进行设备更新和转产行为。

**(3)对企业员工失业和再就业问题制定特别政策**

对于一些较为集中存在失业问题的行业和地区,由于可能导致明显的社会问题,政府需要制定一些特别的处置措施,仅仅靠一般的社会保障体系是不够的。否则,仅仅来自工人方面的反对意见,就可能会长期延误调整。其他国家曾经采取过的措施有：由政府设立或资助职业介绍机构和职业培训机构；录用调整行业失业职工的企业，可以享受政府补贴，一般按再就业者工资的某一比例在一定时期内发放；雇佣特定行业失业职工达到一定比例的企业，还可享受贷款、税收方面的优惠；延长失业保险和增加失业补助金额；采用提前退休制；政府出资和支持的公共工程的招标与雇佣退出企业职工相结合等。

**（4）对区域性调整的成套援助措施**

由于产业结构转换引起的产业调整问题，经常与区域结构问题相关。传统行业有些是与自然资源条件关系密切的行业，因而集中在资源产区及邻近地区，如各种采掘工业、纺织工业、冶金工业等。它们的调整既是行业转移问题，又是区域转移问题，这种相关性使调整的难度增加。因为在一些以某个行业为主的工业区内，往往一个家庭的成员都在这个行业中工作并依赖这个行业生存，企业关闭和失业问题会同时影响所有家庭成员，形成严重的社会问题。这方面比较典型的是一些工业化国家煤炭产区和其他矿产资源产区的调整和转产问题。著名的日本九州煤矿关闭过程就是很典型的例子。

九州曾是日本的主要煤炭产区，从50年代初期开始，煤矿的开采条件开始恶化，而且面对廉价进口石油的竞争，日本政府曾采用包括限制石油进口在内的一系列支持煤炭工业的政策，但政府最终在60年代初期还是决定放弃对煤炭工业代价极其昂贵的保护政策。这个决定对九州地区产生了巨大影响，大片煤井将要关闭，涉及10多万就业者和数十万家属的工作和生活问题，这个政策一公布，就受到煤矿工人和业主的强烈反对。因此，政府制定了一系列调整援助政策，主要措施有：设立专门的机构并向其提供资金和给予土地转让权，在九州开发适合现代制造业发展的新工业区，九州地区共开发了76个这样的新工业区；以优惠政策吸引其他地区的企业家前来投资，对这类投资者给予财政、税收、金融各方面的优惠,这些措施被证明是有效的。大量的新企业和从其他区域迁来的企业进入新工业区内,工业开发区的利用率达到 85%;对雇佣煤炭工人及其子女的区内及区外企业给予补助,如果雇佣的比例较高,还可享受进一步的优惠,那些愿意对失业煤炭工人进行培训后再雇佣的企业,政府可负担其培训费用;对失业工人进行培训和介绍职业,不仅可在区内介绍,而且可向全国介绍;等等。由于采取了这些措施,关闭九州煤矿和进行区域结构转换的计划基本顺利实施,到 70 年代初期,在全新产业基础上的新九州工业区已基本成形,目前九州已成为日本一个重要的高新技术产业区。

从我国的情况看,有必要再强调以下两个问题:

第一,产业转移、区域转移和企业制度的变革三位一体,是解决一些国有企业困境的有效途径。例如一些处在偏僻山区或条件较差的老工业区的老企业,不进行产业和产品的调整,不重新选择有前途的新区位,企业就没有发展前景,企业制度的改革也无从谈起。同样,不进行企业制度的改革,企业即使是在政府援助之下完成了行业转移和区域转移,也很可能再度成为没有竞争力的企业。

第二,采取优惠政策鼓励国内企业之间的兼并,使传统产业的调整和新兴产业的发展相结合。经过 15 年的发展和改革之后,我国已有一大批实力雄厚的大企业和企业集团,今后我国产业集中度的较快提高,要靠这些企业通过兼并方式进行,这是增强我国企业国际竞争力的重要途径。一些处在困境之中的国有企业,有较好的技术、设备和人员基础,如果这些企业的退出和重新进入过程与有前途的企业的扩张过程结合起来,传统产业收缩本身就是新兴产业的扩张过程,就是产业组织结构的优化过程。

需要指出的是,虽然推行产业结构调整援助政策有其理论依据和实践经验,但过多采用这类政策,也会产生明显的负面影响:

其一,调整援助政策施行不当会降低资源配置效率。实行调整援助政策和其他政府政策一样,一部分资源要通过政府进行分配。

一般来讲,政府分配资源的效率不如市场分配资源的效率,例如有些学者指出,日本在对一些行业和地区实施结构调整援助政策时,由于政府机构和由政府机构指定的组织大量参与这些过程,因而存在着明显的低效率问题,如一些援助结构调整的巨额费用交由政府指定的非营利机构进行分配,并没有得到恰当的使用。如果由市场机制决定这一过程,虽然社会代价可能会高一些,但资源配置效率会明显提高。[①]

其二,调整援助政策有可能导致企业的不当行为和减弱市场机制的作用。有关政府的结构调整援助政策可能会导致企业产生一些当这类政策不存在时不会出现的反常行为。

例如,如果不存在结构调整援助政策,当生产能力过剩、企业经营状况很差的时候,有些企业就会自动退出或被淘汰。但是,由于政府推行退出援助政策,比如对封存和淘汰设备给予补助,企业就不会自动淘汰任何设备,而是要向政府讨价还价,要求得到援助,其结果是本来有可能自行淘汰设备和自行退出的企业反而会继续滞留在有关行业之内。再如一些本可自行重新谋职的劳动者为了得到政府的援助金,反而不去积极寻求再就业的机会等。结果,为了促进资源流动而推行的调整援助政策,变成了阻碍流动的因素。[②]

为了减少上述问题,政策制定和执行中的细节是关键。首先,政策必须是一视同仁的和自动生效的,谁调整谁享受援助政策。同时,还

---

[①] 对日本产业调整援助政策的一些有争议的观点,可见 J. Vestal, *Planning for Change: Industrial Policy and Japanese Economic Development 1945–1990*。

[②] 日本纺织行业调整中就出现了这种现象,企业将本来打算淘汰的纺锭也说成是应政府要求才准备淘汰的纺锭,从而得到政府的资助。中国也出现过这类问题,例如,80年代中后期,政府按各个企业生产能力的一定比例核定允许进口彩色显像管的数量,有些企业为了得到较多的进口许可,将一些已无竞争力的生产能力继续保存下去。

要尽量减少行政审批程序,避免为调整过程产生大量的游说行为。其次,援助政策的"含金量"要恰当,如果退出企业享受过多优惠,则进行"游说"以得到"退出许可"就会引起一系列的问题。相反,如果优惠含量过少,则起不到引导企业进行结构调整的目的。

最后需要强调,虽然未来一二十年我国要经历结构变化剧烈的工业化阶段,结构调整的任务较重,但仍要慎用结构调整援助政策。经过多年的实践,市场机制解决绝大多数结构问题的优越性和政府政策解决相同问题的高昂代价愈来愈为人们所认识。结构调整问题也不例外,在大多数情况下,可以在恰当的社会保障体系的配合下,通过市场机制得以解决。只有当问题涉及面较广和依靠市场机制进行调整确实会引起较为严重的经济和社会问题时,采用产业调整援助政策才有充足的理由。

# 参 考 文 献

对外经济贸易部《中国对外经济贸易年鉴》编辑部:《中国对外经济贸易年鉴（1991）》,中国社会出版社1991年版。
国家计划委员会对外经济贸易司等:《中华人民共和国技术引进四十年（1950—1990）》,文汇出版社1992年版。
国家统计局:《中国统计年鉴（1984）》,中国统计出版社1984年版。
国家统计局:《中国统计年鉴（1986）》,中国统计出版社1986年版。
国家统计局:《中国统计年鉴（1990）》,中国统计出版社1990年版。
国家统计局:《中国统计年鉴（1991）》,中国统计出版社1991年版。
国家统计局:《中国统计年鉴（1995）》,中国统计出版社1995年版。
国家统计局:《中国统计摘要（1996）》,中国统计出版社1996年版。
国家统计局工业交通统计司:《中国工业经济统计年鉴（1991）》,中国统计出版社1991年版。
国家统计局工业交通统计司:《中国工业经济统计年鉴（1994）》,中国统计出版社1995年版。
国家统计局工业交通物资统计司:《中国工业的发展统计资料（1949—1984）》,中国统计出版社1985年版。
国务院全国工业普查领导小组:《中国工业经济统计资料（1986）》,中国统计出版社1987年版。
江小涓:《中国工业发展与对外经济贸易关系的研究》,经济管理出版社1993年版。
江小涓等:《减弱"复关"冲击的国际经验比较》,经济管理出版社1995年版。
李海舰:"美国市场保护政策分析",江小涓等《减弱"复关"冲击的国际经验比较》,经济管理出版社1995年版。
李海舰:"外商投资企业的发展与政府政策的调整",中国社会科学院工业经济研究所《中国工业发展报告（1996）》,经济管理出版社1996年版。

马洪、孙尚清:《中国经济结构问题研究》,人民出版社 1981 年版。
轻工业发展战略研究中心:《中国轻工业年鉴》,相应年份,轻工业出版社、中国轻工业年鉴社联合出版。
世界银行:《1987 年世界发展报告》,中国财政经济出版社 1987 年版。
世界银行:《1991 年世界发展报告》,中国财政经济出版社 1991 年版。
杨书臣主编:《日本的投资管理》,经济管理出版社 1992 年版。
杨治:《产业经济学导论》,中国人民大学出版社 1985 年版。
中国产业经济技术研究联合会等:《中国工业产品经济规模》,企业管理出版社 1992 年版。
中国工业经济联合会等:《中国工业经济年鉴》,相应年份,中国财政经济出版社。
中国家用电器协会:《中国洗衣机行业的 10 年》,内部资料,1992 年。
中国机械工业年鉴编辑委员会:《中国机械工业年鉴(1995)》,机械工业出版社 1995 年版。
中国经济年鉴编辑委员会:《中国经济年鉴(1991)》,经济管理出版社 1991 年版。
中国经济年鉴编辑委员会:《中国经济年鉴(1995)》,中国经济年鉴社 1995 年版。
中国社会科学院课题组:"中国经济发展的理论思考与政策选择(上)",《管理世界》1994 年第 4 期。
中国乡镇企业年鉴编辑委员会:《中国乡镇企业年鉴(1995)》,中国农业出版社 1995 年版。
中华人民共和国海关总署:《中国海关统计年鉴》,相应年份,《中国海关》杂志社。
周民良:"区域差异演变与成因",中国社会科学院工业经济研究所《中国工业发展报告(1996)》,经济管理出版社 1996 年版。
〔美〕G. J. 施蒂格勒:《产业组织和政府管制》,潘振民译,生活·读书·新知三联书店上海分店 1989 年版。
〔美〕W. W. 罗斯托:《从起飞进入持续增长的经济学》,贺力平等译,四川人民出版社 1988 年版。
联合国跨国公司中心:《三论世界发展中的跨国公司》,南开大学国际经济研究所译,商务印书馆 1992 年版。

联合国跨国公司中心:《再论世界发展中的跨国公司》,南开大学经济研究所美国经济研究室、对外经济联络部国际经济合作研究所合译,商务印书馆1982年版。

〔巴西〕马姆德·阿里·阿尤布、〔葡萄牙〕斯文·奥拉夫·赫格斯特德:《公有制工业企业成功的决定因素》,罗龙等译,中国财政经济出版社1987年版。

〔日〕南亮进:《日本的经济发展(修订版)》,毕志恒等译,经济管理出版社1992年版。

〔日〕小宫隆太郎等:《日本的产业政策》,黄晓勇等译,国际文化出版公司1988年版。

〔日〕植草益:《微观规制经济学》,朱绍文等译,中国发展出版社1992年版。

A. E. Kahn, *The Economics of Regulation: Principles and Institutions*, MIT Press, 1988.

A. Gerschenkron, *Economic Backwardness in Historical Perspective*, Harvard University Press, 1962.

C. Johnson (ed.), *The Industrial Policy Debate*, ICS Press, 1984.

E. D. Margaret (ed.), *Industry Vitalization*, Pergamon Press, 1982.

E. Hagen, *On the Theory of Social Change: How Economic Growth Begins*, Richard D. Irwin and The Dorsey Press, 1962.

H. Singer, "The World Bank Report on the Blessing of 'Outward Orientation', A Necessary Correction," *Journal of Development Studies*, January, 1988.

Hirschman, A. O., *The Strategy of Economic Development*, Yale University Press, 1958.

J. Burton, "Britain's Industrial Policy: Valuable Lessons for the U. S.," in T. E. Petrietc. William F. Clinger, Nancy L. Johnson Jr., and Lynn Martin (ed.), *National Industrial Policy*, Westview Press, 1984.

J. G. Williamson, "Regional Inequality and the Process of National Development," *Economic Development and Cultural Change*, July, 1965.

J. Vestal, *Planning for Change: Industrial Policy and Japanese Economic Development 1945–1990*, Clarendon Press, 1993.

J. Vickers & G. Yarrow, *Privatization: An Economic Analysis*, MIT Press, 1988.

OECD, *Positive Adjustment Policies: Managing Structural Change*, 1983.

OECD, *Transparency for Positive Adjustment: Identifying and Evaluating Government Intervention*, 1983.

T. E. Petri et al. (ed.), *National Industrial Policy: Solution or Illusion*, Westview Press, 1984.